长征精神的传承

——践行"三严三实"学习读本

《长征精神的传承——践行"三严三实"学习读本》编写组 编

北京师范大学出版集团
BEIJING NORMAL UNIVERSITY PUBLISHING GROUP
安徽大学出版社

图书在版编目(CIP)数据

长征精神的传承:践行"三严三实"学习读本/《长征精神的传承:践行"三严三实"学习读本》编写组编. —合肥:安徽大学出版社,2017.1(2017.9重印)
ISBN 978-7-5664-1260-7

Ⅰ.①长… Ⅱ.①长… Ⅲ.①中国共产党—党的作风—学习参考资料 ②革命传统教育—中国—学习参考资料 Ⅳ.①D261.3②D642

中国版本图书馆CIP数据核字(2016)第294380号

长征精神的传承
——践行"三严三实"学习读本

《长征精神的传承——践行"三严三实"学习读本》编写组 编

出版发行:	北京师范大学出版集团 安徽大学出版社 (安徽省合肥市肥西路3号 邮编230039) www.bnupg.com.cn www.ahupress.com.cn
印　　刷:	合肥现代印务有限公司
经　　销:	全国新华书店
开　　本:	170mm×240mm
印　　张:	10.75
字　　数:	150千字
版　　次:	2017年1月第1版
印　　次:	2017年9月第2次印刷
定　　价:	25.00元

ISBN 978-7-5664-1260-7

策划编辑:姜　萍		装帧设计:李　军	
责任编辑:张　锐　王　勇　章亮亮		美术编辑:李　军	
责任印制:陈　如			

版权所有　侵权必究

反盗版、侵权举报电话:0551—65106311
外埠邮购电话:0551—65107716
本书如有印装质量问题,请与印制管理部联系调换。
印制管理部电话:0551—65106311

| 前言 | 1 |

严以修身篇

总书记寄语 … 1

思想解读 … 2
  一、加强党性修养 … 2
  二、坚定理想信念 … 4
  三、提升道德境界 … 8

经典回顾 … 10
  党的组织和党的出版物(节选) … 10
  论共产党员的修养(节选) … 13

范例感悟 … 17
  共产党员的楷模方志敏 … 17
  一个严格遵守保密纪律的共产党员 … 20
  木板上的红军借条 … 23

小贴士 … 25

严以用权篇

总书记寄语　　26

思想解读　　27
　　一、严以用权，必须树立正确的权力观，坚持用权为民 …………　27
　　二、严以用权，必须正确行使权力，按规则、按制度行使权力，
　　　　把权力关进制度的笼子 ……………………………………　30
　　三、严以用权，必须任何时候都不搞特权、不以权谋私 …………　32

经典回顾　　35
　　推动党风廉政建设和反腐败斗争的深入开展（节选）………………　35

范例感悟　　47
　　"秋毫无犯"的长征纪律令人敬仰 …………………………………　47
　　毛泽东的"四不主义" ………………………………………………　48
　　七古·手莫伸 ………………………………………………………　49
　　严查节日四风问题一无所获　纪委干部兴奋发朋友圈 ……………　50

小贴士　　53

严以律己篇

总书记寄语　　54

思想解读　　54
　　一、严以律己的历史渊源和当代内涵 ………………………………　55
　　二、严以律己的现实意义 ……………………………………………　56
　　三、党员干部如何做到"严以律己" ………………………………　59

经典回顾　　63
　　中国共产党在民族战争中的地位（节选）……………………………　63

论联合政府(节选) ·················· 64
　　高级干部要带头发扬党的优良传统(节选) ·········· 66

范例感悟 68
　　人民的好公仆焦裕禄 ·················· 68
　　一尘不染、两袖清风 ·················· 71
　　从不搞特殊化的周恩来 ················· 74
　　红军长征二三事 ··················· 78

小贴士 79

谋事要实篇

总书记寄语 80
思想解读 80
　　一、从实际出发谋划事业和工作 ············· 81
　　二、努力做到"三个符合" ··············· 83
　　三、不能好高骛远 ·················· 88

经典回顾 88
　　反对本本主义(节选) ················· 88
　　改造我们的学习(节选) ················ 92

范例感悟 97
　　以身许国王淦昌 ··················· 97
　　蛇口工业区的开创者袁庚 ··············· 100
　　新时期的铁人王启民 ················· 103
　　神奇的天路 ····················· 106

小贴士 108

创业要实篇

总书记寄语 —— 109
思想解读 —— 110
一、创业要实，就是要脚踏实地、真抓实干 —— 111
二、创业要实，敢于担当责任，勇于直面矛盾，善于解决问题 —— 112
三、创业要实，努力创造经得起实践、人民、历史检验的实绩 —— 115

经典回顾 —— 118
在西藏自治区成立50周年庆祝大会上的讲话 —— 118

范例感悟 —— 122
再饿也不能乱动藏民的粮食 —— 122
聂荣臻成功创建晋察冀抗日根据地 —— 124
狮泉河未曾忘记——追记陕西省第六批援藏干部张宇 —— 126
永远活在人民心中的县委书记谷文昌 —— 128

小贴士 —— 131

做人要实篇

总书记寄语 —— 132
思想解读 —— 132
一、对党、对组织、对人民、对同志忠诚老实 —— 133
二、做老实人、说老实话、干老实事 —— 134
三、襟怀坦白，公道正派 —— 137

经典回顾 —— 141
伟大的创举（节选） —— 141
反对自由主义（节选） —— 142
整顿党的作风（节选） —— 144

范例感悟 ··· 145
- 新时期的雷锋传人 ··································· 145
- 胡海平事迹 ··· 146
- 信义兄弟 ··· 149
- 守护藏羚羊的牧羊人 ······························· 150

小贴士 ··· 152

后记　作风建设永远在路上　　　　153

前言

2014年3月9日,习近平总书记在全国人大十二届二次会议期间参加安徽代表团审议时,在关于推进作风建设的讲话中,提到"既严以修身、严以用权、严以律己,又谋事要实、创业要实、做人要实"的重要论述,称为"三严三实"讲话。习近平指出:作风建设永远在路上。如果前热后冷、前紧后松,就会功亏一篑。各级领导干部都要树立和发扬好的作风,既严以修身、严以用权、严以律己,又谋事要实、创业要实、做人要实。严以修身,就是要加强党性修养,坚定理想信念,提升道德境界,追求高尚情操,自觉远离低级趣味,自觉抵制歪风邪气。严以用权,就是要坚持用权为民,按规则、按制度行使权力,把权力关进制度的笼子里,任何时候都不搞特权、不以权谋私。严以律己,就是要心存敬畏、手握戒尺,慎独慎微、勤于自省,遵守党纪国法,做到为政清廉。谋事要实,就是要从实际出发谋划事业和工作,使点子、政策、方案符合实际情况、符合客观规律、符合科学精神,不好高骛远,不脱离实际。创业要实,就是要脚踏实地、真抓实干,敢于担当责任,勇于直面矛盾,善于解决问题,努力创造经得起实践、人民、历史检验的实绩。做人要实,就是要对党、对组织、对人民、对同志忠诚老实,做老实人、说老实话、干老实事,襟怀坦白,公道正派。要发扬钉钉子精神,保持力度、保持韧劲,善始善终、善作善成,不断取得作风建设新成效。

2015年4月,中共中央办公厅印发《关于在县处级以上领导干部中开展"三严三实"专题教育方案》(以下简称《方案》),对2015年在县处级以上领导干部中开展"三严三实"专题教育作出安排。《方案》要求,开展"三严三实"专题教育,要深入学习贯彻党的十八大和十八届三中、四中全会精神,深入学习贯彻习近平总书记系列重要讲话精神,紧紧围绕协调推进"四个全面"战略布局,对照"严以修身、严以用权、严以律己,谋事要实、创业要实、做人要实"的要求,聚焦对党忠诚、个人干净、敢于担当,着力解决"不严不实"问题,切实增强践行"三严三实"要求的思想自觉和行动自觉,努力在深化"四风"整治、巩固和拓展党的群众路线教育实践活动成果上见实效,在守纪律讲规矩、营造良好政治生态上见实效,在真抓实干、推动改革发展稳定上见实效。

"三严三实"的要求,抓住了党员干部做人从政的根本,明确了干事创业的准则,划定了为官律己的红线,是中央对党员领导干部作风建设提出的新要求,为干部加强修养、改进作风、健康成长指明了方向。

"三严三实"的要求,切中作风之弊的要害,抓住了改进作风的关键。践行"三严三实",是党员干部的终生必修课,是更好地履行共产党人崇高职责的根本保证。

"三严三实"的要求,是不断巩固夯实党的执政地位的客观要求。回顾我们党由小到大、由弱到强的历史,之所以能夺取政权、巩固政权、长期执政,就是因为我们党能坚持严格的党性要求,用优良的作风密切联系群众。"得民心者得天下,失民心者失天下"。苏联共产党这个有着90多年历史、连续执政70多年的大党、老党最后哗啦啦轰然倒塌,很多人都提出这个问题:为什么苏联共产党在有20万党员时能够夺取政权,在有200万党员时能够打败法西斯侵略者,而在有近2 000万党员时却丢失了政权?正是苏联共产党的改变、作风的改变,导致了苏联共产党与苏联解体的悲剧。知史才能通今,我们要从巩固夯实党的执政地位的政治高度,认识党性问题和作风问题,把"三严三实"深入骨子里、融进血液中,成为须臾不能忘记的根基和信条。

"三严三实"的要求,是推进"四个全面"战略布局的题中之义。十八大以来,以习近平同志为总书记的党中央提出的"四个全面"战略布局,涵盖了新形势下党和国家全局工作的关键环节、重点领域,主攻方向更加清晰,内在逻辑更加严密,是统领中国特色社会主义事业的总纲。协调推进"四个全面"战略布局是一项极为宏大的工程,零敲碎打调整不行,碎片化修补也不行,必须通过党员的优良作风来实践。完成这样一项全面、系统、伟大的执政使命,要求广大党员干部以鲜明的党性为灵魂和纽带,以"三严三实"为标尺和参照,正自身、扬清风,从上到下、由内而外,形成集体意志、集聚共同力量,带领人民群众构建"最大公约数",为实现中国梦而努力奋斗。

"三严三实"的要求,是推进党的作风建设的重要遵循。抓作风、改作风,是党的十八大以来从严治党的重要突破口。"三严三实"明确和细化了党员干部加强自身作风建设的基本准则和目标追求,为检验党员干部党性修养和言行举止定了一把尺子、立了一面镜子,为持续推进作风建设树立了新的标杆。

"三严三实"简洁凝练、内涵丰富、指向明确,反映了新形势下党的建设的内在规律和本质要求,体现了世界观和方法论的有机统一、内在自律和外在约束的有机统一,为党员干部修身做人、为官用权、干事创业提出了明确要求。

严以修身,严在理想信念。做官先做人,做人必修身。对党员干部来说,修身做人就是要做合格的共产党员,做社会的先进分子。严以修身的关键是加强道德修养、坚定理想信念。"四风"问题、不敢开展批评和自我批评,根子在于信仰迷茫、精神迷失。"钙"失则神散,"钙"足则志笃。有了坚定的理想信念,就能做到"石可破也,而不可夺坚;丹可磨也,而不可夺赤"。党员干部不管走多远都不能忘了共产党人为什么而出发,不管遇到什么困难都不能丢掉共产党人的灵魂,必须自觉加强党性修养、增强政治定力,铸牢理想信念这个"主心骨",使道路自信、理论自信、制度自信真正刻骨铭心。

严以用权,严在规范规矩。党和人民把我们放到领导岗位上,赋予我们一定的权力,是一种信任、一种重托。越是位高权重,越要牢记权力的本质。

严以用权的关键是坚持权力属于人民、用权造福人民。权力是责任,是信任,也是重托,只有出以公心,秉公用权,为人民谋福祉,为百姓解忧难,才能保证权力行使的正确方向。党员干部要守纪律、讲规矩,讲原则、守底线,不为私利所困,不为私情所惑,真正做到一身正气、两袖清风,堂堂正正做人、干干净净用权。

严以律己,严在慎欲慎行。人生道路很长,但关键时刻往往就是几步,放松自律,一时糊涂,就会铸成大错。自己管得住自己,常思"严"之益,常念"纵"之害,才能防止精神沦陷、"自己扳倒自己"。严以律己的核心是自重、自警、自醒,清正廉洁。少数领导干部社交圈复杂、生活作风不检点,个人修养不高、举止不端,对自身要求不严格。所谓胜人者力,自胜者强。党员干部要心存敬畏、手握戒尺,时刻记住"头顶三尺有神明,不畏人知畏己知",头上有天,天上有眼;要慎独慎微、勤于自省,做到遵纪守法、为政清廉。

谋事要实,实在思想路线。自古至今,"实言实行实心,无不孚人之理"。从实际出发、实事求是,是我们党重要的思想路线。谋事要实的根本是从实际出发,与百姓利益高度契合。只有使点子、政策、方案符合实际情况、符合客观规律、符合人民意愿,才能创造出经得起实践、群众和历史检验的实绩。有些干部好大喜功、急于求成,热衷于提概念、喊口号,不务实事,不求实效。这方面的教训很多,也很深刻,我们不能忘记。党员干部要依法科学民主决策,按客观规律办事,一切为群众着想、为群众而干,树立功成不必在我的理念,多做打基础、利长远的实事,不搞竭泽而渔的短视行为。

创业要实,实在干事作风。邓小平同志讲过,马克思主义千言万语就是一个字"干",不干半点马克思主义也没有,空谈误国,实干兴邦。如果只说不做,光谈认识不见行动,那是"空道理";如果说得好做得差,认识了问题不好好解决,那是"假道理";只有即知即改、见诸行动,那才是"硬道理"。创业要实,要义是真抓实干、敢于担当。党员干部想干事、肯干事、多干事、干实事,是义务,是本职,是最起码的要求。

做人要实,实在道德品行。老实做人、做老实人,是共产党员先进性的内在要求,是领导干部"官德"的外在表现。周恩来同志说过:"世界上最聪明的人是最老实的人,因为只有老实人才能经得起事实的历史的考验。"做人要实的本质是忠诚老实、言行一致。所谓"忠诚老实",就是要襟怀坦白,光明磊落,忠于党,忠于祖国,忠于人民,在政治上、思想上、行动上同党中央保持高度一致。所谓"言行一致",就是要对党、对组织、对同志讲真话、讲实话、讲心里话,就是要言必行、行必果,以行动验证表态、用实践兑现承诺。

严以修身篇

总书记寄语

　　党性是党员干部立身、立业、立言、立德的基石，必须在严格的党内生活锻炼中不断增强。要增强党内生活的政治性、原则性、战斗性，使各种方式的党内生活都有实质性内容，都能有针对性地解决问题，坚决反对党内生活中的自由主义、好人主义。

——2013年9月25日，习近平在河北省委常委班子专题民主生活会上的讲话

　　党的干部必须坚定共产主义远大理想、真诚信仰马克思主义、矢志不渝为中国特色社会主义而奋斗，全心全意为人民服务，求真务实、真抓实干，坚持原则、认真负责，敬畏权力、慎用权力，保持拒腐蚀、永不沾的政治本色，创造出经得起实践、人民、历史检验的实绩。

——2013年6月28日，习近平在全国组织工作会议上的讲话

　　面对纷繁复杂的社会现实，党员干部特别是领导干部务必把加强道德修养作为十分重要的人生必修课，自觉从中华优秀传统文化中汲取营养，老老实实向人民群众学习，时时处处见贤思齐，以严格标准加强自律、接受他律，努力以道德的力量去赢得人心、赢得事业成就。

——2014年5月10日，习近平在河南考察调研时的讲话

"修身"一词,出自《礼记·大学》:"古之欲明明德于天下者,先治其国;欲治其国者,先齐其家;欲齐其家者,先修其身。"可见,修身是中国古代儒家非常推崇的自我训练与修养方式。对于共产党员来说,修身不仅仅是传统文化的继承,更有着广泛的时代性意义。正如习近平总书记指出的:"严以修身,就是要加强党性修养,坚定理想信念,提升道德境界,追求高尚情操,自觉远离低级趣味,自觉抵制歪风邪气。"

一、加强党性修养

所谓党性,是一个政党固有的本质属性,是政党阶级属性的最高表现,是一个政党区别于其他政党的根本标志。对中国共产党的党性,十八大的党章中作出了明确的解释:"中国共产党是中国工人阶级的先锋队,同时是中国人民和中华民族的先锋队,是中国特色社会主义事业的领导核心,代表中国先进生产力的发展要求,代表中国先进文化的前进方向,代表中国最广大人民的根本利益。"因此,党性修养就是共产党员的自我锻炼与教育,是对于共产党的本质属性的深刻理解和内化。在改造客观世界的过程中,党员应自觉运用党性原则规范自己的行为,克服和抵制各种错误的思想,不断改造主观世界。党性修养是党员自强和自律的统一。1939年,刘少奇在《论共产党员的修养》这篇经典的著作中,系统地论述了共产党员加强修养的重要性、长期性,明确地提出了党性修养的基本要求。他说,党性修养是一个共产党员"由一个幼稚的革命者,变成一个成熟的、老练的、能够'运用自如'地掌握革命规律的革命家"的过程,是在革命中"抛掉身上的一切陈旧的肮脏东西"。当前,我们的干部队伍总体情况还是比较好的,也是有战斗力的。大多数的党员干部都能够坚持对自己党性的修养和锻炼,在建设有中国特色的社会主义实践中,在不断深化改革、扩大开放的实践中,始终坚持把人民群众的利益放在第一位。为促进社会经济发展和人民生活水平提高作出了应有的贡献。但是,也确实存在着一些领导干部在工作中违背党的宗旨、损害人民利益,甚至罔顾党纪国法的事情。这些问题的存在,严重影响了党的先进性和纯洁性,深深地破坏了党和人民群众的血肉联系,成为人民群众不满的重要因素。这些党员干部腐化堕落的原因,归根到底还是党性修养不够、党性不强不纯。要解决这个问题,只能不断加强党员干部的党性修养,保持党的先进性和纯洁性。

党性修养主要包括:理论修养、政治修养、思想道德修养、文化知识和业务能力修养、作风修养、组织纪律修养。这六个方面构成了一名合格共产党员应具备的基本素质。

为了能够不断提高我们的党性修养,需要广大的党员干部树立终身学习的观念,用马克思主义理论武装自己。马克思主义是科学的理论,始终不渝地坚持以马克思主义武装全党,是我们党保持和不断发展先进性的根本经验。积极学习马克思主义,不断提升自己的理论水平,用马克思主义的科学理论指导工作实践,这是每一个共产党员提高党性修养的重要内容。建设中国特色社会主义的伟大实践要求每个共产党员都要始终站在时代的前列,面对复杂形势和国内外环境应始终保持政治上的清醒和坚定,通过不断地学习,努力把握共产党执政规律、社会主义建设规律、人类社会发展规律,提高运用科学理论分析和解决实际问题的能力。

当然,马克思主义是行动指南而不是教条。一个共产党员的理论修养并不是看他读了多少经典著作,更不是看他背过多少经典名句,而是看他有没有真正掌握马克思主义的立场、观点、方法,能不能用马克思主义的立场、观点和方法去分析和解决现实社会中的各种问题。因此,党员干部用科学理论武装头脑、指导实践,是一项长期任务,并随着客观事物的不断变化而一直发展下去。

广大党员干部不仅要加强理论学习,更应该坚决践行党的根本宗旨,在为群众服务的过程中实现自我的完善和提高。全心全意为人民服

务是我们党的根本宗旨。党员干部能否坚持全心全意为人民服务的宗旨,直接关系到民心向背,而民心向背是检验一个政党是否具有先进性的试金石。我们党能够从小到大,从弱到强的一个重要法宝就是坚持群众路线,保持同人民群众的血肉联系。如果得不到人民群众的拥护和支持,党组织就会崩溃瓦解,就会失去生命力和战斗力,更别说领导人民实现复兴中华民族的百年梦想。广大党员干部尤其是各级领导干部,要牢固树立科学的世界观、人生观和价值观,坚持密切联系群众,为人民服务,廉洁奉公,遵纪守法,自觉抵制拜金主义、个人主义和腐朽生活方式的侵蚀。坚持权为民所用、情为民所系、利为民所谋,始终与人民群众同呼吸、共命运、心连心。要深入实际、深入基层、深入群众,倾听群众呼声,了解群众意愿,切实关心群众生活,解决群众疑难问题。遇事要同群众商量,注重集中群众智慧,使我们的决策更加符合客观实际和规律,更加符合广大人民群众的愿望和利益。

我们现在处在改革发展的关键时期,社会利益关系十分复杂,在利益面前,是先替自己打算,还是先人后己、先公后私、大公无私,随时都在检验着每一位党员的党性。历史已经证明,今后的实践还将继续证明,只有深刻认识人民创造历史的伟力,真诚代表中国最广大人民的根本利益,一切为了人民,一切依靠人民,我们党才能得到人民的充分信赖和拥护,才能不断巩固党的执政地位,我们党才能带领广大人民群众从胜利走向新的胜利。

二、坚定理想信念

理想信念是一个人行动的旗帜和方向。不同的理想信念决定着不同的人生追求和境界。一个人如果没有理想信念,就如同没有舵的航船,只能在人生的道路上随波逐流。相反,有坚定的理想信念,就有了努力的方向,不论遇到什么样的艰难险阻,都会坚贞不屈、百折不挠。因此,共产党员首先需要有坚定的共产主义信仰,这将成为党员不竭的精神动力,也是党员的一种理性自觉,更是加强党的先进性和纯洁性建设的时代要求。

中国共产党人的最高理想和最终奋斗目标是实现共产主义。共产党员有了这样的最高理想和最终奋斗目标,就有了立身之本。共产主义理想看起来可能崇高而遥远,但是它的实现从来就不能脱离我们自己的时代,不能脱离人民群众。脱离时代的理想必然是盲目的、不现实的;脱离人民群众的理想注定是没有力量源泉的、不能实现的。因此,共产党人必须把自己的最高理想细化为与时代要求相适应的、全国人民能够接受的坚定信念,使之成为全国人民为之而奋斗的共同理想。这个共同理想,就是在中国共产党领导下,建设中国特色社会主义,实现中华民族的伟大复兴。这个共同理想,把党在社会主义初级阶段的目标、国家的发展、民族的振兴与个人的幸福紧密联系在一起,把各阶层、各群体的共同愿望有机地结合在一起,把共产党人实现共产主义的最高理想和最终奋斗目标与广大人民群众在当前我国社会发展阶段的基本要求融为一体,经过实践检验,有着广泛的社会共识,具有令人信服的必然性、广泛性和包容性,具有强大的感召力、亲和力和凝聚力。

之所以这样说,是因为:

1. 社会主义代表着人类社会发展的方向。生产力的发展是人类社会进步的根本动力。因此,人类社会的演变虽然看起来各有特点,但是已经呈现出非常明显的规律性。在人类社会发展历史进程中,资本主义极大地解放和发展了社会生产力,它取代封建社会是一种历史必然。但是,在以私有制为基础的资本主义社会里,存在着生产资料私人占有同社会化大生产的矛盾。这一基本矛盾在资本主义社会范围内是无法最终解决的,必然成为资本主义发展的桎梏。人类社会要继续向前发展,就必须建立以生产资料公有制为基础的社会主义社会。因此,社会主义社会代表了人类社会的发展方向和进步潮流。

2. 中国不具备走资本主义道路的条件。明代末期,中国出现了资本主义的萌芽。但是中国的资本主义发展道路被列强的入侵所打断,他们凭借坚船利炮打开中国国门,强迫清政府割地赔款,向中国进行商品输

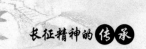

出和资本输出,企图将中国变成它们的原材料产地和商品倾销市场。这一切使中国的民族产业饱受打击,严重地阻碍着中国资本主义的发展。更为险恶的是,帝国主义和封建主义相互勾结,在中国制造了一个为他们服务的买办资产阶级,竭力维持中国的封建土地关系和相应的社会关系。以买办势力和封建地主阶级为基础的军阀、官僚、政党,是帝国主义所选中的统治中国的代理人。帝国主义从军事、财政各方面支持这些代理人,并通过他们吮吸中国人民的血汗。因此,中国的封建势力虽然腐朽落后,但依靠帝国主义的支持并同买办势力结合起来,就成了难以摧毁的堡垒。在这种局面下,处于帝国主义和封建主义夹缝之中的民族资产阶级生存都成为问题,已经没有发展壮大的可能。因此,中国要富裕强大,要实现中华民族的伟大复兴,不能走发达资本主义大国的老路。资本主义道路在中国行不通。

3.建设中国特色社会主义是中国共产党的历史选择。中国的国情决定中国必须坚持走社会主义道路。但是我们的社会主义不是马克思当年所设想的经历了资本主义成熟发展之后的社会主义。严格来说,我们是"不够格"的社会主义。因此,我们的生产力水平还比较低下,与发达资本主义大国相比,处于劣势。在发达资本主义大国占主导地位的国际格局中,不发达资本主义国家很容易受到资本主义列强的干涉和控制,这已经被历史所证明。如果中国不坚持社会主义道路,中国亦将很容易受到外部势力的干涉和操纵,社会就难以保持稳定。没有稳定就没有发展。同时我国的国情又极端复杂,人口众多,底子薄,发展极不平衡。保证十三亿人的生存和发展的任务十分艰巨。因此,要使中国尽快强大起来,实现中华民族的伟大复兴,就必须在中国共产党的领导下,走中国特色社会主义的道路。

当前,中国社会发展迅速。面对物质诱惑和文化冲击,部分党员理想信念动摇,在诱惑面前不能洁身自好,这归根结底,是他们的共产主义理想和中国特色社会主义信念不坚定。要解决这个问题,要建立新形势下广大党员长期受教育、永葆先进性的长效机制,踏实做好全面深化改革的艰巨工作。正如习近平总书记在参加河北省委常委班子民主生活会时指出:"坚定理想信念,切实解决好世界观、人生观、价值观这个'总开关'问题。"这不仅明确了坚定理想信念的根本任务是树立正确的世界观、人生观、价值观,是立党为公,执政为民,而且为广大党员坚定理想信念指明了方向。

第一,树立正确的思想观念,具体说,就是要树立正确的世界观、人生观、价值观。世界观是人们对世界的总体看法,是思想体系中的基础,它对于人生观和价值观有着决定作用。只有树立了正确的世界观,才能树立正确的人生观、价值观,并在此基础上树立正确的权力观、事业观,等等。由于我们党的指导思想是马克思主义,这就决定了共产党人的正确的世界观只能是马克思主义世界观。马克思主义世界观的基本点就是运用辩证唯物主义和历史唯物主义分析社会发展规律,进而得出资本主义必然灭亡、社会主义必然胜利的观点。有了这样正确而科学的世界观,就能够在此基础上树立起正确的人生观、价值观,从而使共产党人代表最广大人民群众的利益,为推翻资产阶级统治,建立起人民当家作主的社会主义,进而实现每个社会成员都能自由和全面发展的联合体——共产主义奋斗终身。

第二,树立为人民服务的人生观。一个共产党员、一个领导干部的一生应当是不断奋斗的一生。我们入党、当官不是为了所谓的出人头地、光宗耀祖,而是为了实现国家富强、民族振兴和人民幸福的百年梦想。领导干部只有在这样的人生观指导下,才能使个人的理想、抱负和追求符合社会主义道德规范,才能真正做到权为民所用、情为民所系、利为民所谋。

第三,树立为实现共产主义而奋斗的价值观。价值观是指对于人生价值或自身价值的总的看法和根本观点,它决定着人生奋斗的理想和方向。共产党人的价值观很简单,就是为实现共产主义奋斗终身。这是马克思主义世界观之下自然而然的推论,是每一个党员干部需要时刻铭记的宗旨。

三、提升道德境界

严以修身,就是党员干部要不断加强道德品质修养、提升道德境界。我们党一直坚持按照德才兼备,以德为先的标准选拔任用干部。对于党员干部而言,道德不仅是立人之本,为官之基,而且是治世之策。一般来说,"德"就是指思想政治素质,包括理论素养和思想水平,政治方向和政治立场,群众观点和群众路线,政治品德和道德品德等方面,这些素质是党员干部政治成熟的重要前提。"才"就是指能力,包括才智、才干、才华、才能,也就是专业知识、文化知识和工作能力等,这是党员干部能够完成党和国家交付的相关任务的保障。两者相辅相成,相互促进。

现实中,一些党员干部的宗旨意识淡薄,事业心责任感不强,民主作风缺乏,逐渐染上了形式主义、官僚主义、享乐主义、奢靡之风等不良作风。这些低级趣味的东西,危害极大,使党员干部意志消退、精神萎靡,甚至给党和国家利益造成巨大损失,深深地损害了党在人民群众心中的形象,造成了十分恶劣的影响。要扭转这种情况需要加强道德品质的培养。

第一,提升道德境界要锻炼政治品质。政治品质在党员干部的道德结构中处于核心位置,它决定着干部道德的方向和目标、价值和意义,是判别一个干部道德高尚与卑劣的最主要依据和最直接的体现。衡量一个干部是不是一个称职的好干部,从根本上说标准就是他的政治品质。一个好干部肯定政治品质过硬,相反,一个干部出问题,从根本上说也就是出在政治品质上。因此,党员干部尤其要加强政治品质的修养。

党员干部要锤炼出坚贞优秀的政治品质。首先,要明确政治方向,这是干部政治品质中第一位的要求,是干部政治品质的核心。我国当前最重要的政治方向就是建设中国特色社会主义。其次,要坚定政治立场,这是政治品质的根本。政治立场,说到底,是一个党员干部在观察、分析和处理问题时所处的阶级地位。我们党的政治立场,从根本上说就是人民群众的立场,这一立场决定了我们的党员干部需要坚定为人民服务的决心。再次,要有严明的政治纪律,这是政治品质的保证。中国共产党是用铁的纪律武装起来的无产阶级的先锋队,组织纪律是我们能够无往而不胜的保障。严明的纪律保证了党的团结统一,保证了党的路线、方针、政策能够得到彻底的贯彻落实。从根本上说,党的政治纪律要求党员干部在政治原则、立场、观点和路线方针政策上与党中央保持高度一致。

第二,提升道德境界需要加强职业道德建设。职业道德,就是同人们的职业活动紧密联系的、符合职业特点所要求的、人们在职业生活中应遵守的道德准则、道德情操与道德品质的总和,是一般社会道德在职业生活中的具体体现。它既是对本职人员在职业活动中行为的要求,同时又是职业对社会所负的道德责任与义务。党员干部天然具有两重身份——共产党员和某个行业的职员。因此,党员干部的职业道德建设既是社会职业道德建设的重要组成部分,同时还起到一种特殊的导向作用。党员干部应当立足于本职业,做到尽忠职守、爱岗敬业,力图成为行业的楷模和标兵。所谓忠于职守,就是忠诚地对待自己的职业岗位,在工作岗位上不计个人得失,默默辛勤耕耘,作出经得住历史、人民和实践检验的工作业绩。爱岗敬业,就是热爱自己的岗位和工作,以极端负责的态度对待工作,严肃认真,一心一意,精益求精,尽职尽责。忠于职守,爱岗敬业,最集中的体现和要求是为建设中国特色社会主义多作贡献,全心全意为人民服务。

最后,提升道德境界需要追求高尚的情操。情操是指由感情和思想综合起来的、不轻易改变的心理状态。以某一或某类事物为中心的一种复杂的、有组织的情感倾向,代表着人生的目的和价值取向。高尚的情操是古今中外的人们一直试图追寻的价值。古希腊哲人甚至把高尚情操比作人生的"第二个太阳"。高尚的情操是在环境、教育和实践中逐渐形成的。高尚情操对于我们正确对待物质生活和精神生活有着非常重大的影响。在某种意义上说,精神的富有比物质的富有更加重要。

追求高尚情操,就要做到正确对待现实和理想的关系。不能因为现实的蝇头小利忘却远大的理想,也不能好高骛远,不脚踏实地。

追求高尚情操,就要做到正确对待集体和个人的关系。社会价值是一个人价值的最终体现,因此,人的真正价值在于服务社会,在于做一个有益于人民的人。人应该追求的高尚境界是爱民利民,吃苦在前,享受在后,"先天下之忧而忧,后天下之乐而乐",自觉地做到个人利益服从于集体利益,积极投身于全面深化改革的实践,推动社会的进步、国家的昌盛、民族的振兴,这样的人才是一个具有高尚情操的人、一个值得尊敬的人。

追求高尚情操,就要做到全心全意为人民服务,敢于负责,勇于担当。全心全意为人民服务是一种崇高的思想境界与精神状态,体现了个人的人生观、道德观和价值观。为了实现这一宗旨,我们要敢于负责,敢于承担风险,以事业发展进步作为考量的标准,抛弃个人得失之心,不患得患失、瞻前顾后。没有敢于拼搏的勇气,"高尚情操"就是一句空话。

党的组织和党的出版物(节选)

列　宁

(1905 年 11 月 13 日)

党的出版物的这个原则是什么呢?这不只是说,对于社会主义无产阶级,写作事业不能是个人或集团的赚钱工具,而且根本不能是与无产阶级总的事业无关的个人事业。无党性的写作者滚开!超人的写作者滚开!写作事业应当成为整个无产阶级事业的一部分,成为由整个工人阶级的整个觉悟的先锋队所开动的一部分巨大的社会民主主义机器的"齿轮和螺丝钉"。写作事业应当成为社会民主党有组织的、有计划的、统一的党的工作的一个组成部分。

德国俗语说:"任何比喻都是有缺陷的。"我把写作事业比作螺丝钉,把生气勃勃的运动比作机器也是有缺陷的。也许,甚至会有一些歇斯底里的知识分子对这种比喻大叫大嚷,说这样就把自由的思想斗争、批评的自由、创作的自由等等贬低了、僵化了、"官僚主义化了"。实质上,这种叫嚷只能是资产阶级知识分子个人主义的表现。无可争论,写作事业最不能作机械划一,强求一律,少数服从多数。无可争论,在这个事业中,绝对必须保证有个人创造性和个人爱好的广阔天地,有思想和幻想、形式和内容的广阔天地。这一切都是无可争论的,可是这一切只证明,无产阶级的党的事业中写作事业这一部分,不能同无产阶级的党的事业的其他部分刻板地等同起来。这一切决没有推翻那个在资产阶级和资产阶级民主派看来是格格不入的和奇怪的原理,即写作事业无论如何必须成为同其他部分紧密联系着的社会民主党工作的一部分。报纸应当成为各个党组织的机关报。写作者一定要参加到各个党组织中去。出版社和发行所、书店和阅览室、图书馆和各种书报营业所,都应当成为党的机构,向党报告工作情况。有组织的社会主义无产阶级,应当注视这一切工作,监督这一切工作,把生气勃勃的无产阶级事业的生气勃勃的精神,带到这一切工作中去,无一例外,从而使"作家管写,读者管读"这个俄国古老的、半奥勃洛摩夫式的、半商业性的原则完全没有立足之地。

　　自然,我们不是说,被亚洲式的书报检查制度和欧洲的资产阶级所玷污了的写作事业的这种改造,一下子就能完成。我们决不是宣传某种划一的体制或者宣传用几项决定来解决任务。不,在这个领域里是最来不得公式主义的。问题在于使我们全党,使俄国整个觉悟的社会民主主义无产阶级,都认识到这个新任务,明确地提出这个新任务,到处着手解决这个新任务。摆脱了农奴制的书报检查制度的束缚以后,我们不愿意而且也不会去当写作上的资产阶级买卖关系的俘虏。我们要创办自由的报刊而且我们一定会创办起来,所谓自由的报刊是指它不仅摆脱了警察的压迫,而且摆脱了资本,摆脱了名位主义,甚至也摆脱了资产阶级无政府主义的个人主义。

　　最后这一句话似乎是奇谈怪论或是对读者的嘲弄。怎么!也许某个热烈拥护自由的知识分子会叫喊起来。怎么!你们想使创作这样精致的个人事业服从于集体!你们想使工人们用多数票来解决科学、哲学、美学的问题!你们否认绝对个人的思想创作的绝对自由!

安静些,先生们! 第一,这里说的是党的出版物和它应受党的监督。每个人都有自由写他所愿意写的一切,说他所愿意说的一切,不受任何限制。但是每个自由的团体(包括党在内),同样也有自由赶走利用党的招牌来鼓吹反党观点的人。言论和出版应当有充分的自由。但是结社也应当有充分的自由。为了言论自由,我应该给你完全的权利让你随心所欲地叫喊、扯谎和写作。但是,为了结社的自由,你必须给我权利同那些说这说那的人结成联盟或者分手。党是自愿的联盟,假如它不清洗那些宣传反党观点的党员,它就不可避免地会瓦解,首先在思想上瓦解,然后在物质上瓦解。确定党的观点和反党观点的界限的,是党纲,是党的策略决议和党章,最后是国际社会民主党,各国的无产阶级自愿联盟的全部经验,无产阶级经常把某些不十分彻底的、不完全是纯粹马克思主义的、不十分正确的分子或流派吸收到自己党内来,但也经常地定期"清洗"自己的党。拥护资产阶级"批评自由"的先生们,在我们党内,也要这样做,因为现在我们的党立即会成为群众性的党,现在我们处在急剧向公开组织转变的时刻,现在必然有许多不彻底的人(从马克思主义观点看来),也许甚至有某些基督教徒,也许甚至有某些神秘主义者会参加我们的党。我们有结实的胃,我们是坚如磐石的马克思主义者。我们将消化这些不彻底的人。党内的思想自由和批评自由永远不会使我们忘记人们有结合成叫作党的自由团体的自由。

第二,资产阶级个人主义者先生们,我们应当告诉你们,你们那些关于绝对自由的言论不过是一种伪善而已。在以金钱势力为基础的社会中,在广大劳动者一贫如洗而一小撮富人过着寄生生活的社会中,不可能有实际的和真正的"自由"。作家先生,你能离开你的资产阶级出版家而自由吗? 你能离开那些要求你作海淫的小说和图画、用卖淫来"补充""神圣"舞台艺术的资产阶级公众而自由吗? 要知道这种绝对自由是资产阶级的或者说是无政府主义的空话(因为无政府主义作为世界观是改头换面的资产阶级思想)。生活在社会中却要离开社会而自由,这是不可能的。资产阶级的作家、画家和女演员的自由,不过是他们依赖钱袋、依赖收买和依赖豢养的一种假面具(或一种伪装)罢了。

我们社会主义者揭露这种伪善行为,摘掉这种假招牌,不是为了要有非阶级的文学和艺术(这只有在社会主义的没有阶级的社会中才有可能),而是为了要用真正自由的、公开同无产阶级相联系的写作,去对抗伪装自由的、事实上同资产阶级相联系的写作。

这将是自由的写作,因为把一批又一批新生力量吸引到写作队伍中来的,不是私利贪欲,也不是名誉地位,而是社会主义思想和对劳动人民的同情。这将是自由的写作,因为它不是为饱食终日的贵妇人服务,不是为百无聊赖、胖得发愁的"一万个上层分子"服务,而是为千千万万劳动人民,为这些国家的精华、国家的力量、国家的未来服务。这将是自由的写作,它要用社会主义无产阶级的经验和生气勃勃的工作去丰富人类革命思想的最新成就,它要使过去的经验(从原始空想的社会主义发展而成的科学社会主义)和现在的经验(工人同志们当前的斗争)之间经常发生相互作用。

动手干吧,同志们!我们面前摆着一个困难的然而是伟大的和易收到成效的新任务:组织同社会民主主义工人运动紧密而不可分割地联系着的、广大的、多方面的、多种多样的写作事业。全部社会民主主义出版物都应当成为党的出版物。一切报纸、杂志、出版社等等都应当立即着手改组工作,以便造成这样的局面,使它们都能以这种或那种方式完全参加到这些或那些党组织中去。只有这样,"社会民主主义的"出版物才会名副其实。只有这样,它才能尽到自己的职责。只有这样,它即使在资产阶级社会范围内也能摆脱资产阶级的奴役,同真正先进的、彻底革命的阶级的运动汇合起来。

论共产党员的修养(节选)

刘少奇

(1939年7月8日)

共产党员为什么要进行修养呢?

我们共产党员,是近代历史上最先进的革命者,是改造社会、改造世界的现代担当者和推动者。共产党员是在不断同反革命的斗争中去改造社会,改造世界,同时改造自己的。

我们说,共产党员要在同反革命进行各方面的斗争中来改造自己,这就是说,要在这种斗争中求得自己的进步,提高自己革命的品质和能力。由一个幼稚的革命者,变成一个成熟的、老练的、能够"运用自如"地掌握革命规律的革命家,要经过一个很长的革命的锻炼和修养的过程,一个长期改造的过程。一个比较幼稚的革命者,由于他:(一)是从旧社会中生长教养出来的,他总带有旧社会中各种思想意识(包括成见、旧习惯、旧传统)的残余;(二)没有经过长期的革命的实践;因此,他还不能真正深刻地认识敌人,认识自己,认识社会发展和革命斗争的规律性。要改变这种情形,他除开要学习历史上的革命经验(前人的实践)而外,还必须亲自参加到当时的革命的实践中去,在革命的实践中,在同各种反革命进行斗争中,发挥主观的能动性,加紧学习和修养。只有这样,他才能够逐渐深刻地体验和认识社会发展和革命斗争的规律性,才能真正深刻地认识敌人和自己,才能发现自己原来不正确的思想、习惯、成见,加以改正,从而提高自己的觉悟,培养革命的品质,改善革命的方法等。

所以,革命者要改造和提高自己,必须参加革命的实践,绝不能离开革命的实践;同时,也离不开自己在实践中的主观努力,离不开在实践中的自我修养和学习。如果没有这后一方面,革命者要求得自己的进步,仍然是不可能的。

譬如说吧,几个共产党员一起去参加某种群众的革命斗争,在大体一样的环境和条件下去参加革命实践,这种革命斗争对于这些党员所起的影响,可能完全不是一样的。有的党员进步得很快,甚至原来较落后的赶在前面去了;有的党员进步得很慢;有的党员甚至在斗争中动摇起来,革命的实践对于他没有起前进的影响,他在革命的实践中落后了。这是什么原因呢?

又譬如,我们共产党员中有许多人是经过万里长征的,这对于他们是一次严重的锻炼,其中的绝大多数党员都得到了很大的进步。然而长征对于个别党员的影响却是相反的,他们经过长征之后,对这样的艰苦斗争害怕起来了,有的甚至企图退却和逃跑,后来他们果然在外界的引诱下从革命队伍中逃跑了。许多党员同在一起长征,而影响和结果却是这样的不相同。这又是什么原因呢?

　　这种种现象的产生,从根本上说来,是社会阶级斗争在革命队伍中的反映。我们的党员由于原来的社会出身不同,所受的社会影响不同,因而就有不同的品质。他们对待革命实践各有不同的态度、立场和认识,所以,在革命实践中各有不同的发展方向。就在你们学校中也可以清楚地看到这种情形。你们在学校中受着同样的教育和训练,然而由于你们各有不同的品质,不同的经验,不同的主观努力和修养,因而你们就可能获得不同的甚至相反的结果。因此,革命者在革命斗争中的主观努力和修养,对于改造和提高革命者自己,是完全必需的,决不可少的。

　　无论是参加革命不久的共产党员,或者是参加革命很久的共产党员,要变成为很好的政治上成熟的革命家,都必须经过长期革命斗争的锻炼,必须在广大群众的革命斗争中,在各种艰难困苦的境遇中,去锻炼自己,总结实践的经验,加紧自己的修养,提高自己的思想能力,不要使自己失去对于新事物的知觉,这样才能使自己变成品质优良、政治坚强的革命家。

　　孔子说:"吾十有五而志于学,三十而立,四十而不惑,五十而知天命,六十而耳顺,七十而从心所欲,不逾矩。"这个封建思想家在这里所说的是他自己修养的过程,他并不承认自己是天生的"圣人"。

　　另一个封建思想家孟子也说过,在历史上担当"大任"起过作用的人物,都经过一个艰苦的锻炼过程,这就是:"必先苦其心志,劳其筋骨,饿其体肤,空乏其身,行拂乱其所为,所以动心忍性,增益其所不能。"共产党员是要担负历史上空前未有的改造世界的"大任"的,所以更必须注意在革命斗争中的锻炼和修养。

　　我们共产党员的修养,是无产阶级革命家所必需有的修养。我们的

修养不能脱离革命的实践,不能脱离广大劳动群众的、特别是无产阶级群众的实际革命运动。

毛泽东同志说:"通过实践而发现真理,又通过实践而证实真理和发展真理。从感性认识而能动地发展到理性认识,又从理性认识而能动地指导革命实践,改造主观世界和客观世界。实践、认识、再实践、再认识,这种形式,循环往复以至无穷,而实践和认识之每一循环的内容,都比较地进到了高一级的程度。这就是辩证唯物论的全部认识论,这就是辩证唯物论的知行统一观。"

我们的党员,不但要在艰苦的、困难的以至失败的革命实践中来锻炼自己,加紧自己的修养,而且要在顺利的、成功的、胜利的革命实践中来锻炼自己,加紧自己的修养。有些党员受不起成功和胜利的鼓励,在胜利中昏头昏脑,因而放肆、骄傲、官僚化,以至动摇、腐化和堕落,完全失去他原有的革命性。这在我们共产党员中,是个别的常见的事。党内这种现象的存在,应该引起我们党员严重的警惕。

在无产阶级革命家出现以前,历代的革命者,一到他们进行的事业得到胜利和成功以后,少有不腐化、不堕落的。他们失去了原有的革命性,成为革命进一步发展的障碍物。在中国近百年的历史中,或者说得更近些,在近五十年的历史中,我们看到许多资产阶级和小资产阶级革命者,在得到了某些成就,爬上了当权的位置以后,就腐化堕落下去。这是由历代革命者的阶级基础所决定的,由过去革命的性质所决定的。在俄国伟大十月社会主义革命以前世界历史上的一切革命,结果总是一个剥削阶级的统治由另一个剥削阶级的统治所代替。所以,历代的革命者,在他们成为统治阶级以后,就失去他们的革命性,反转头来压迫被剥削的群众,这是一种必然的规律。

然而,对于无产阶级革命来说,对于我们共产党来说,无论如何决不能是这样。无产阶级革命是消灭一切剥削、一切压迫、一切阶级的革命。共产党所代表的是被剥削而不剥削别人的无产阶级,它能够使革命进行到底,从人类社会中最后消灭一切剥削,清除一切腐化、堕落的现象。它能够建立有严格组织纪律的党,建立又有集中又有民主的国家机关,经过这样的党和国家机关,领导广大人民群众,来和一切腐化、堕落的现象进行不调和的斗争,不断地从党内和国家机关中清洗那些已经腐化、堕落的分子(不管这种分子是作了多大的"官"),而保持党和国家机关的纯洁。无产阶级革命的这一特点,无产阶级革命党的这一特点,是历代革命和历代革命党所没有的,而且也不能有的。我们的党员必须清楚了解这一特点,特别注意在革命胜利和成功的时候,在群众对自己的信仰和拥护不断提高的时候,更要提高警惕,更要加紧自己的无产阶级意识的修养,始终保持自己纯洁的无产阶级的革命品质,而不蹈历代革命者在成功时的覆辙。

革命实践的锻炼和修养,无产阶级意识的锻炼和修养,对于每一个党员都是重要的,而在取得政权以后更为重要。我们共产党不是天上掉下来的,而是从中国社会中产生的。每个党员都是从中国社会中来的,并且今天还是生活在这个社会中,还经常和这个社会中一切不好的东西接触。不论是无产阶级或是非无产阶级出身的党员,不论是老党员或是新党员,他们会或多或少地带有旧社会的思想意识和习惯,这是不奇怪的。为了保持我们无产阶级的先锋战士的纯洁,提高我们的革命品质和工作能力,每个党员都必须从各方面加强自己的锻炼和修养。

共产党员的楷模方志敏

1957年3月的一天,春寒料峭。在江西南昌市北郊下沙窝的一个工地上,建筑工人们正在热火朝天、紧锣密鼓地工作着。不久的将来这里将会建成一个现代化的化纤厂。突然,一声金属碰撞的脆响吸引了大家的注意,一位正在挖掘地基的工人感觉碰到了一块质地坚硬的东西,他赶紧在周围又轻轻挖了几下。出乎所有人意料的是,土堆下面赫然出现一堆人骨,尤其引人注目的是,其中两截腿骨上还戴着一副锈迹斑驳的脚镣。经过调查，这副脚镣的主人就是中国共产党的优秀党员方志敏。随着方志敏的遗体被发现，一段被历史尘封的往事开始被人们想起。

方志敏，原名远镇，江西上饶市弋阳漆工镇湖塘村人，为了拯救他挚爱的祖国投身革命。从此之后，方志敏就像一个斗志昂扬的勇士，义无反顾、勇往直前。他甘愿抛头颅、洒热血。他以自己辉煌的一生展示了一个共产党员崇高的信仰。

1934年，方志敏率领抗日先遣队北上，遭到国民党军的围追堵截，部队损失惨重。1935年1月29日，方志敏被敌人围困在江西的怀玉山中，身上的军大衣被荆棘撕扯得破烂不堪，两个月的艰苦战斗使他本就多病的身体显得愈发单薄，但是他的眼中仍旧闪耀着坚定的光芒。13天前，方志敏已经冲出敌人的包围圈，但是当他得知还有2000多名战士在敌人虎口之中的时候，他无法说服自己单独离去。那是他一手创建的军队，是他生死与共的弟兄，他希望救出他们，带领他们共同北上，去实现拯救那可爱祖国的崇高梦想。于是方志敏又回去了，虽然他明知道此去生的可能性几乎为零。

在狱中，面对敌人的百般诱降和严刑逼供，他正气凛然，坚贞不屈，断然表示：宁为玉碎，不为瓦全，为革命而死，虽死犹荣！在极端艰苦的条件下，方志敏用纸笔剖白心迹，用心血写就名篇。《清贫》就是他高尚人格的真实写照：

我从事革命斗争，已经十余年了。在这长期的奋斗中，我一向是过着朴素的生活，从没有奢侈过。经手的款项，总在数百万元；但为革命而筹集的金钱，是一点一滴地用之于革命事业。这在国民党的伟人们看来，颇似奇迹，或认为夸张；而矜持不苟，舍己为公，却是每个共产党员具备的美德。所以，如果有人问我身边有没有一些积蓄，那我可以告诉你一桩趣事：

就在我被俘的那一天——一个最不幸的日子，有两个国民党的兵士，在树林中发现了我，而且猜到我是什么人的时候，他们满肚子热望在我身上搜出一千或八百大洋，或者搜出一些金镯金戒指一类的东西，发个意外之财。哪知道从我上身摸到下身，从袄领捏到袜底，除了一只时表和一支自来水笔之外，一个铜板都没有搜出。他们于是激怒起来了，猜疑我是把钱藏在那里，不肯拿出来。他们之中有一个左手拿着一个木柄榴弹，右手拉出榴弹中的引线，双脚拉开一步，作出要抛掷的姿势，用凶恶的眼光盯住我，威吓地吼道：

"赶快将钱拿出来,不然就是一炸弹,把你炸死去!"

"哼!你不要作出那难看的样子来吧!我确实一个铜板都没有;想从我这里发洋财,是想错了。"我微笑着淡淡地说。

"你骗谁!像你当大官的人会没有钱!"拿手榴弹的士兵坚决不相信。

"决不会没有钱的,一定是藏在哪里,我是老出门的,骗不得我。"另一个兵士一面说,一面弓着背重来一次,将我的衣角裤裆仔细地捏,总企望着有新的发现。

"你们要相信我的话,不要瞎忙吧!我不比你们国民党当官的,个个都有钱,我今天确实是一个铜板也没有,我们革命不是为着发财!"我再向他们解释。

等他们确知在我身上搜不出什么的时候,也就停手不搜了;又在我藏躲地方的周围,低头注目搜寻了一番,也毫无所得,他们是多么的失望啊!那个持弹欲放的兵士,也将拉着的引线,仍旧塞进榴弹的木柄里,转过来抢夺我的表和水笔。后彼此说定表和笔卖出钱来平分,才算无话。他们用怀疑而又惊异的目光,对我自上而下的望了几遍,就同声命令地说:"走吧!"

是不是还要问问我家里有没有一些财产?请等一下,让我想一想,啊,记起来了,有的有的,但不算多。去年暑天我穿的几套旧的汗褂裤,与几双缝上底的线袜,已交给我的妻放在深山坞里保藏着——怕国民党军进攻时,被人抢了去,准备今年暑天拿出来再穿,那些就算是我唯一的财产了。但我说出那几件"传世宝"来,岂不要叫那些富翁们齿冷三天?!

清贫,洁白朴素的生活,正是我们革命者能够战胜许多困难的地方!

一九三五年五月二十六日写于囚室

敌人无法从方志敏那里得到他们想要的东西。1935年8月6日,方志敏和其他几位同志一起被五花大绑着推上汽车,押送到赣江的江边上。在敌人已经挖好的坟坑旁边,他毫无惧色,从容地望着浩浩东去的江水,眼中充满了希望。他坚信,这个国家一定有一个光明的前途,他的可爱的中国一定会兴旺发达。方志敏望了望天空,最后看了一眼他深爱的中国大地,用尽全身力气高喊:"打倒帝国主义!""中国共产党万岁!"于是英勇牺牲,年仅36岁。

方志敏的一生,短暂而辉煌,他始终坚持一身正气。他追求真理、救国救民、视死如归的光辉形象在人们的记忆中定格成为既悲壮又浓重、既高大又耀眼的影像。

【感悟】方志敏一生对革命矢志不渝,直至献出生命。方志敏的人生追求反映了中国共产党人在革命斗争实践中对国家前途、民族命运的艰辛探索和对社会理想、人生价值的深层思考,他身上所体现出的"爱国、创造、清贫、奉献"的伟大精神,是我们党的宝贵精神财富,为当代共产党人坚定理想信念提供了充足的精神营养。

一个严格遵守保密纪律的共产党员

真是光阴似箭,又如流水。

我常回忆起我们党在创建初期的一些情景。那时的中国,各派军阀在帝国主义列强的操纵下,封建割据,混战不已,黑暗势力猖獗,人民灾难深重。中国的先进分子努力探求救国救民的真理,十月革命的胜利,给他们以极大的影响和启发。很多人向往社会主义,掀起了学习和宣传马克思主义学说的热潮。我们的党就是由这些先进分子中的一部分人倡议建立的。它坚信马克思主义,代表中国各族人民的利益,是工人阶级的先锋队,有严格的组织原则、严格的纪律,所以它一诞生就具有强大的生命力。帝国主义和封建军阀之间尽管四分五裂,互相倾轧厮杀,但对共产党这个新的力量,却都视若大敌,比作洪水猛兽,都要把它扼杀扑灭。

在强大的敌人面前,我们党靠真理,靠群众,靠一支有觉悟的党员队伍,不断英勇搏斗。我们二十年代的党员入党的时候,虽然不像现在这样挂着鲜艳的党旗,举行庄严的宣誓仪式,但它的严肃、庄重,仍使每个同志终生难忘。当党组织的负责人(或介绍人)宣布接受自己成为一个光荣的共产党员的时候,当他有力地宣布共产党员应该遵守党的守则的时候,自己的内心是十分激动的,下定决心誓为革命牺牲一切。我现在还可以清晰地记得守则的内容:遵守党纲党章,参加党的组织,服从党的分配,定期缴纳党费,遵守党的纪律,保守党的秘密,为共产主义事业奋斗到底。因为那个时候的党组织处于秘密状态,对党员遵守纪律、保守秘密的教育特别重视,抓得很紧,至今印象还很深刻。我今天就谈谈在党内几十年政治生活中,我亲眼看到的一个始终严格遵守党的保密纪律的共产党员——周恩来同志。

恩来同志和我入党的时间不同,地点各异,建党初期也没有在一个地方共同工作，所以那时我们谁也不知道谁是什么时候入党的。我们在通信中间，从来没有提起过党的纪律不许说的事情。我们仅仅谈论自己和朋友们的思想认识，或者倾吐自己的理想，诉说对革命的向往。直到他回国后经过组织的沟通，我们彼此才知道都是党员了。

　　结婚以后，恩来同志和我曾经协议，两人可以在一个地方或一个机关工作，但不要在一个具体部门共事。几十年来，我们都遵守了这个协议。现在看来，夫妇不在同一个具体部门工作是比较合适的。同时，我们常常相互提醒，一定要在任何情况下都严格遵守党的纪律，保守党的机密。因为我们认为党的纪律对于每一个党员来说都绝无例外。越是负责的党员，越应该以身作则，越应该自觉遵守纪律，严守党的机密。

　　一九二六年冬，恩来同志从广东调上海工作，我仍留在广州，相互间音讯不通。上海第三次武装起义，我还不知道是他参加领导的。一九二七年四月十二日，蒋介石在上海发动反革命政变，大肆屠杀共产党人和革命群众。恩来同志在严重的白色恐怖下坚持斗争，后来接到党的命令，他转移到武汉。我在广州的住所也遭到国民党的搜查，同住的三位同志当即被捕，一人次日即被枪杀，两人终于死在狱中了。那时，我因为难产还在医院里，依靠党组织的及时通知和群众的仗义帮助，才得以脱险。不久，汪精卫又背叛革命，宁汉合流，我们全党转入地下秘密状态。

　　面对国民党反动派的疯狂镇压，我们党中央研究了当时的局势，决定在南昌举行武装起义，向国民党反动派进行反击，并决定派恩来同志担任党的前敌委员会书记，到南昌去领导这次起义。七月十九日，要离开武汉的时候，在晚饭前后才告诉我，他当晚就要动身去九江。去干啥，呆多久，什么也没有讲。我对保密已成习惯，什么也没有问。当时，大敌当前，大家都满腔仇恨。我们只是在无言中紧紧地握手告别。这次分别后，不知何日相会？在白色恐怖的岁月里，无论是同志间，夫妇间，每次的生离，实意味着死别呀！后来还是看了国民党的报纸，才知道发生了南昌起义。

　　党组织经常教导我们：你不应该说的事，不要说；你不应该问的事，不要问；你不应该看的文件，不要看。这是党的利益的需要。在我们党的历史上，有许许多多值得我们怀念的共产党员，他们为了党的利益，常常在生死关头，仍然严格执行党的保密纪律，机警地把党的机密毁掉，紧急时甚至把机密文件嚼烂了强咽到肚子里去。我们有许多先烈和健在的老同志,为保护党组织和同志们的安全,在敌人的法庭上,在严刑的拷打下,宁愿牺牲自己的生命,也不向敌人泄露党的一丝一毫秘密,经受住了对敌斗争的严峻考验。他们英勇不屈的斗志,对党坚贞不渝、无限忠诚的崇高品德,使我永远难忘。

在战争年代,军事斗争直接关系到革命的成败。军情瞬息万变,一个军事行动的泄露,就可能使我们遭到重大挫折。所以,保守秘密成为每个同志的自觉行动。非军事方面的需要保密的事项,亦必须严格保密。在长征路上,在抗日战争和解放战争时期,我们这支铁流所以能够无坚不摧,终于战胜强敌,纪律严明、特别是严守秘密,是一个十分重要的因素。

新中国成立以后,我们的党在整个国家生活中居于领导地位,处在新的历史时期,所肩负的任务更加重大了。保守党和国家的机密,更是每一个共产党员特别是中、高级干部的神圣责任。恩来同志知道的党和国家的秘密多得很。我们之间仍是信守纪律,他不讲,我不问;我不讲,他也不问。我们之间相互保密的事情是很多的。例如,我国爆炸第一颗原子弹时,他也向我保密。当时他向主管的负责人说,这次试验,全体工程技术人员都要绝对注意保守国家机密,有关工程、试验的种种情况,只准参加试验的人员知道,不能告诉其他同志,包括自己的家属和亲友。他说:邓颖超同志是我的爱人,党的中央委员,这件事同她的工作没有关系,我也没有必要跟她说。主管的同志到试验现场传达了恩来同志的讲话,要求大家严守保密纪律,因此事先没有任何透露。这件事是我最近看中央文献研究室的访问材料时才知道的。

为了保守党的秘密,他的办公室,他的文件保管,都订有极为严格的制度。他身边的秘书凡分工联系哪方面工作的,就看哪方面的文件,不允许随便看无关的文件。而对他们分工范围内的事情,则充分提供条件让他们熟悉业务。即使秘书分工范围内的事项,属于特别机密的,也要等到必须经办时才告诉有关人员。秘书们都说他是纹风不透。凡是写给他的亲启信,按照规定,别人都不能拆。秘书在经手时不慎误拆了,必须立即封好,并在信封上加以说明,是失手误拆,以后注意。恩来同志的办公室,是他每天工作十几小时的地方。除有关人员外,别人都不得入内,亲属、朋友如果不是来谈工作的,也不例外。他的办公室门上和保险柜的钥匙,一天二十四小时不离身,平时装在口袋里,睡觉时压在枕头下。只有当他出国时,两把钥匙才交给我保管。我像接受保密任务似的把钥匙收藏起来。有次他走得匆忙了,直到飞机场上才发现钥匙还在口袋里,他就封在信封里让一个同志带给我。他回来的时候,我们接触的第一件事,就是把两把钥匙还给他。

在十年动乱中,党的纪律和保密制度遭到了严重的破坏,被践踏得几乎无密可保。有一次恩来同志出去开会,因为会一个接着一个,一天一夜没回来。听说街上的大字报和所传的小道消息里,已经透露了有关会议的内容,我有点怀疑,等他回来,问他有没有这回事?他马上反问:你怎么知道的?听谁说的?他还如此认真地向我追问。我就开玩笑地说:你参加会议,你有你的渠道,我有我的渠道,我联系群众,我也有我的"义务情报员"哩。此事,我们俩就在一笑中过去了。在那个时候,人们都说,现在还有什么机密啊?可是恩来同志仍然守口如瓶,滴水不漏。

恩来同志在得癌症以后,有一次我们在一起交谈,他对我说:"我肚子里还装着很多话没有说。"我回答他:"我肚子里也装着很多话没有说。"当时双方都知道最后的诀别不久就会残酷无情地出现在我们的面前,然而我们把没有说的话终于埋藏在各自的心底里,永远地埋藏在心底了。

现在,我们已经踏上新长征的道路,这条道路也不是平坦的。各种各样的炮弹还会袭击我们。我们仍得警惕啊!我们更需要恢复和端正我们的党风,加强我们党的纪律性,特别是认真严格地执行党和国家的保密制度。我对恩来同志在这方面的简介,想来对同志们不无裨益。

(来源:《邓颖超文集》,人民出版社,1994年。收录本文时有改动)

【感悟】 周恩来总理是中国共产党人的优秀代表,被誉为"人民公仆,全党楷模"。周总理一生为中国革命和建设作出了卓越贡献,展现了共产党人的高尚精神境界和务实工作作风。

木板上的红军借条

在松潘红军长征纪念碑园的博物馆里,藏有一块并不起眼的木板。但是这块木板却真实地记录了一段尘封已久的故事,充分说明了当年红

军战士严守纪律，用实际行动保护人民利益的高尚行为。

过草地之前，红军的粮食供应十分紧张，为保证最低限度的粮食需要，中革军委和总政治部除要求部队节约用粮外，对向群众收集、购买粮食下达了许多的通知和规定，比如《关于收集粮食事的通知》《关于粮食问题的训令》《关于在松潘筹借粮食的规定和办法》，等等，反复强调在粮食供应极端困难的情况下，红军队伍更要严格执行纪律，不能容忍损害人民群众利益的事件发生。

1935年8月，红一方面军到达松潘地区的毛儿盖。由于轻信了国民党军队的反面宣传，当地的藏族老百姓们都以为红军是一支"无恶不作"的军队，纷纷携家带口逃到山上避难。当时正值青稞成熟的季节，红军急需筹备粮食穿越草地，但却无法找到土地的主人。为了遵守群众纪律，红军总政治部专门规定，每支部队收了哪块地，必须在田头立一块"割麦证"，木牌上写明收集粮食的数量，等群众回来后可以拿着木牌向任何一支红军部队要粮款。

2011年藏历新年之前，毛儿盖的上八寨乡克藏村村民仁青卓玛在清理房屋时发现了一块写有汉字的木板。经过确认，这块木板正是当年红军留下的一块"割麦证"。在这块长100多厘米、宽20多厘米、厚2厘米的松杉木牌上，毛笔写成的字迹仍大致可见：

"老庚，我们在这块田内割了青稞一千斤，我们自己吃了。这块木板可以作为我们购买你们这些青稞的凭证，请你们归来以后，拿住这块木板，向任何红军部队或苏维埃政府，都可兑取与我们吃你们青稞价值相等的银子、茶叶或你们所需的物品。在你们还未曾兑得这些东西之前，需要好好保存这块木牌子。"落款是前敌总政治部。

木板的主人介绍说："这块木牌是我家老粮仓的顶板，由于字是写在里面的，直到1980年修建新房拆除老粮仓时才发现。"但是，由于家里人都不识汉字，这块木板就一直被当成一块普通木板和烧火做饭的废木料堆在一起。直到乡上一个干部看了后说这是"红军借粮条"，家里人才知道。

其实这样的"红军借粮条",当年在毛尔盖还有很多。但是由于藏族群众不识汉字,绝大多数都被烧掉了,存世的并不多见。因此,博物馆里这块借据显得弥足珍贵。正是红军执行严格的纪律让藏族群众认识到了这支军队不同,他们开始积极帮助和支援红军。对于这一段历史,毛泽东在延安时期和新中国成立之后,有过多次讲述,高度评价了红军长征翻雪山、过草地时期,藏羌人民对红军的大力支持。他曾经对斯诺说:"这是我们唯一的外债,是红军拿了藏民的粮食而欠的债,有一天,我们必须向藏民偿还我们不得不从他们那里拿走的给养。"

【感悟】长征精神就是紧紧依靠人民群众,同人民群众生死相依、患难与共的精神。作为党员干部,我们要学习长征中共产党员吃苦在前、享受在后的崇高精神,倾听群众呼声,关心群众疾苦,着力解决好人民群众最关心、最直接、最现实的利益问题,扎扎实实为人民群众办实事、办好事。

 小贴士

不患位之不尊,而患德之不崇;不耻禄之不夥,而耻智之不博。
——张衡《应问》

富贵不能淫,贫贱不能移,威武不能屈,此之谓大丈夫。
——《孟子·滕文公下》

严以修身篇

总书记寄语

世间事,做于细,成于严。从严是我们做好一切工作的重要保障。我们共产党人最讲认真,讲认真就是要严字当头,做事不能应付,做人不能对付,而是要把讲认真贯彻到一切工作中去,作风建设如此,党的建设如此,党和国家一切工作都如此。一切何必当真的观念,一切干一下得了的想法,一切得过且过的心态,都是对党和人民事业有大害而无一利的,都是万万要不得的!

当前,所谓"为官不易""为官不为"问题引起社会关注,要深入分析,搞好正面引导,加强责任追究。党的干部都是人民公仆,自当在其位谋其政,既廉又勤,既干净又干事。如果组织上管得严一点、群众监督多一点就感到受不了,就要"为官不易",那是境界不高、不负责任的表现。这一点,要向广大干部讲清楚。我们做人一世,为官一任,要有肝胆,要有担当精神,应该对"为官不为"感到羞耻,应该予以严肃批评。我一再强调,领导干部要严以修身、严以用权、严以律己,谋事要实、创业要实、做人要实。这些要求是共产党人最基本的政治品格和做人准则,也是党员、干部的修身之本、为政之道、成事之要。我们现在对党员、干部的要求是不是过严了？答案是否定的。很多要求早就有了，是最基本的要求。现在的主要倾向不是严了，而是失之于宽、失之于软，不存在严过头的问题。

各级干部特别是领导干部要按照"三严三实"要求，深学、细照、笃行焦裕禄精神，努力做焦裕禄式的好干部。各级党组织要旗帜鲜明肯定表彰锐意进取的干部，教育帮助"为官不为"的干部，支持和鼓励干部一心为公、兢兢业业、敢于担当。如果失职渎职给党和人民事业造成损失的，必须严肃处理。

——2014年10月8日，习近平在党的群众路线教育实践活动总结大会上的讲话

"三严三实"专题教育的对象是县处级以上领导干部。与普通党员干部相比，领导干部是拥有与职务对应的权力人群。在"三严"中，"严以修身"侧重于领导干部个人主观思想境界的改造，"严以律己"侧重于领导干部个人具体行为的习得，"严以用权"则是领导干部主观思想和个人行为改造的集中体现，处于核心地位，也是践行"谋事要实、创业要实、做人要实"的基础和保证。

一、严以用权，必须树立正确的权力观，坚持用权为民

权力的来源和服务对象是权力观的基本问题。从历史上看，中国共产党领导广大人民群众进行新民主主义革命，目标是建立人民当家作主的新中国，无数革命先烈为这个目标而抛头颅、洒热血。革命胜利建立起新中国，新中国人民当家作主的性质决定了各级领导干部权力的终极来源，我国宪法第二条明确规定"中华人民共和国的一切权力属于人民。"我国历任领导人对此一直有清醒的认识，毛泽东同志曾说："我们的权力是谁给的？是工人阶级给的，是贫下中农给的，是占人口百分之九

十以上的广大劳动群众给的。"江泽民同志也指出马克思主义政党执政以后,能否正确地看待和行使人民赋予的权力,始终保持同人民群众的血肉联系,是一个必须长期经受的根本性考验。党员领导干部只有切实明晰手中的权力根源于人民,党组织是代表人民赋予领导干部权力,权力是公权,才能真正敬畏人民和组织,自觉接受党和人民的监督。

权力来自人民必然服务于人民,全心全意为人民服务是中国共产党的宗旨。早在新民主主义革命时期,毛泽东同志阐述中国共产党的特质时,就指出:"全心全意地为人民服务,一刻也不脱离群众;一切从人民的利益出发,而不是从个人或小团体的利益出发;向人民负责和向党的领导机关负责的一致性;这些就是我们的出发点。"改革开放以来,党和国家领导人不断反复强调党员领导干部权力要为人民服务,邓小平同志强调:"中国共产党员的含义或任务,如果用概括的语言来说,只有两句话:全心全意为人民服务,一切以人民利益作为每一个党员的最高准绳。"江泽民同志指出:"我们的干部必须时刻记住,自己手中掌握的权力是人民赋予的,只能用来为人民谋利益,绝不能用来为个人或小团体捞取好处,绝不能损害人民的利益。"胡锦涛同志提出"坚持权为民所用,情为民所系,利为民所谋",号召"作为党员领导干部,要把权力视为党和人民的信任和重托,把职位作为服务人民的实践平台,把实绩作为回报人民的根本方式,把奉献作为为官做人的基本准则,与党同心同德、同舟共济,常怀忧党之心,恪尽兴党之责"。尽管在我国社会主义建设发展的不同历史阶段,为人民服务的具体内容与党的路线方针紧密联系而侧重不同,领导干部手中的权力服务于人民的根本宗旨始终未变,做人民的公仆始终是对领导干部的基本要求。更进一步而言,为人民服务就要求领导干部强化权力的责任与担当意识。戏文里封建社会的官员都有"当官不为民作主,不如回家卖红薯"的责任与担当意识,领导干部作为新时代人民公仆,更应该了解党和人民赋予自己权力所对应的责任和担当,为人民切实谋利。

历史唯物主义认为,社会存在决定社会意识。改革开放以来,我们党以经济建设为中心,积极发展生产力,不断改革不利于生产力发展的生产关系,领导人民建设社会主义市场经济体系,富民强国,取得了辉煌的成就。与此同时,社会环境也发生了巨大的变化。无论是社会所有制结构还是社会分配模式都有巨大改变,社会思潮多元化,利益结构多元化,社会治理复杂化,这些或多或少会对领导干部的思想观念产生冲击。我们党对这个问题有着清醒的认识,也始终不渝抓党风廉政建设,加强党员领导干部政治思想教育,这使得我们绝大多数党员领导干部经受住考验。不可否认,也有不少领导干部迷失方向,建立错误的权力观,走向歧途,个人身败名裂,给党和人民的事业带来巨大的损失和危害。

当下错误的权力观集中体现在以下两点:一是公权私有,把党和人民赋予的权力看作自己的既得利益。江泽民同志深刻指出:"由于我们党处在执政地位并长期执政,党内有一些人逐渐产生了一种错误的思想倾向,他们把党和人民赋予的职权,把自己的地位、影响和工作条件,看成是自己的所谓既得利益,不是用这些职权和条件来为党、为人民更好地工作,而是用来为自己捞取不合理的、非法的私利。他们甚至把这些东西看成是谁也碰不得、动不得的私有财产,想方设法地要去维护和扩大这种所谓既得利益。"这种权力观下的官员独断专行,以个人为中心,不讲民主集中制,缺乏平等和尊重意识。在权力所及的地方唯我独尊,专横跋扈,决策一意孤行,抵制组织和群众监督;一旦思想堕落,利用手中权力谋取私利也是肆无忌惮,危害极大。二是宗派主义权力观,把党和人民赋予的权力看成个别上级领导的私相授受,唯上是从,拉帮结派。这种权力观下的行为表现为"在个人与党的关系上,把个人放在第一位,把党放在第二位,向党闹独立性;在组织上,任人唯亲,拉拢一些人,排挤一些人;在同志中,吹吹拍拍拉拉扯扯,把资产阶级的庸俗作风搬进党内来;在党内关系上,只强调局部利益,不顾整体利益,只要民主,不要集中,不遵守个人服从组织、少数服从多数、下级服从上级、全党服从中央的民主集中制原则,在党内搞小圈子进行无原则的派别斗争"。宗派主义权力观一则败坏党风,二则一旦腐败往往是集体腐败,危害巨大。

2015年1月12日,习近平总书记在与中央党校第一期县委书记研修班学员进行座谈时的讲话中指出:"我们的权力是党和人民赋予的,是为党和人民做事用的,只能用来为党分忧、为国干事、为民谋利。"这是正确权力观的最好解释和最根本的要求,党员领导干部必须牢记总书记谆谆教诲,克服错误的权力观,正确看待和运用党和人民赋予自己的权力。

二、严以用权,必须正确行使权力,按规则、按制度行使权力,把权力关进制度的笼子

正确行使权力是严以用权的中心内容。认清手中权力的边界,规范行使权力是领导干部正确行使权力的前提。法国启蒙思想家孟德斯鸠曾说过:"一切有权力的人都容易滥用权力,这是万古不易的一条经验。有权力的人们使用权力一直到遇有界限的地方才休止。"滥用权力是许多走进监狱的腐败分子的一个鲜明的共同点。现阶段腐败的成因各式各样,归根结底是对权力的制约和监督不够。十八大以来,以习近平总书记为首的党中央高举反腐倡廉的大旗,提出"全面依法治国,全面从严治党",从法治和党建两方面切实对权力加以制约和监督。

权力的边界首先是法律的约束。马克思主义法学观认为法律是统治阶级意志的体现,社会主义法律制度是党的主张和人民意愿的统一体现,党自身必须在宪法法律范围内活动。法律具有规范维护社会秩序进而促进社会稳定的功能,法治是国家治理体系和治理能力现代化建设的重要特征。十五大,党中央提出依法治国,建设社会主义法治国家的重大战略任务,现在党中央更把依法治国提到"四个全面"之一的高度,用法律来规范权力。

习总书记指出:"在现实生活中,一些领导干部法治意识比较淡薄,有的存在有法不依、执法不严、甚至徇私枉法等问题,影响了党和国家的形象和威信,损害了政治、经济、文化、社会、生态文明领域的正常秩序。所有领导干部都要警醒起来、行动起来,坚决纠正和解决法治不彰问题。"

正确行使权力,领导干部必须提高自己的法治素养,要牢固树立宪法法律至上、法律面前人人平等、权由法定、权依法使等基本法治观念，对各种危害法治、破坏法治、践踏法治的行为要挺身而出、坚决斗争。

正确行使权力，领导干部必须做学法的模范，要系统学习中国特色社会主义法治理论。首要要学习宪法，还要学习同自己所担负的领导工作密切相关的法律法规。学习的目的是要弄明白法律规定领导干部怎么用权，什么事能干、什么事不能干，牢记法律红线不可逾越、法律底线不可触碰。

正确行使权力，领导干部必须做用法的模范。带头遵守法律、执行法律，带头营造办事依法、遇事找法、解决问题用法、化解矛盾靠法的法治环境。领导干部要把对法治的尊崇、对法律的敬畏转化成思维方式和行为方式，做到在法治之下而不是法治之外、更不是法治之上行使权力。

权力的边界对党员领导干部而言还有党规党纪的约束。严明的纪律是马克思主义政党区别于其他政党的重要标志。党的纪律条规充分体现了党的政治意志和阶级属性，是保持党的先进性和纯洁性、提高党的执政能力和执政水平的内在要求，是不断增强党的凝聚力、战斗力和创造力的重要基础，是维护党的团结统一、完成党的执政使命的有力保障。革命年代，毛泽东同志曾经说过"加强纪律性，革命无不胜"；改革开放年代，邓小平同志也在改革过程中强调"理想和纪律特别重要"。

一段时期以来，党建工作中存在对党员干部管理"失之于宽、失之于软"，党组织涣散，党规党纪松弛的现象，使得人民群众质疑党员干部先进性和纯洁性，极大影响党的威信和执政基础。党中央提出全面从严治党后不断采取各类举措来切实加强党风建设，以规章和制度来扭转宽软状态。

十八届四中全会《决定》指出，"党规党纪严于国家法律，党的各级组织和广大党员干部不仅要模范遵守国家法律，而且要按照党规党纪以更高标准严格要求自己"。习近平总书记在中纪委六次全会上历数党内规章制度建设成果："我们研究依规治党这一重大课题，坚持纪严于法、纪在法前，实现纪法分开，修订廉洁自律准则、党纪处分条例、巡视工作条

例等党内重要法规,制定党委(党组)落实从严治党责任的意见。针对干部管理监督中的薄弱环节,我们完善领导干部报告个人有关事项、加强'裸官'管理等规定,推动制度建设与时俱进。"

正确行使权力,党员领导干部必须提高自己的党性修养。要牢固树立共产党员意识,强化共产党员宗旨意识和纪律意识,坚定共产主义远大理想和中国特色社会主义坚定信念,掌握和运用好批评与自我批评武器,自觉接受党内同志监督。

正确行使权力,党员领导干部必须做学党规党纪的模范。要系统学习党内规章制度。首要是学习党章,还要学习同自己所担负的领导职务密切相关的党内法规。学习的目的是要弄明白党规党纪规定领导干部怎么用权,什么事能干、什么事不能干,牢记党规红线不可逾越、党规底线不可触碰。

正确行使权力,党员领导干部必须做遵守党规党纪的模范。带头遵守党规党纪、执行党规党纪,带头营造党内严格执行党规党纪的环境。领导干部要把对党纪的敬畏转化成思维方式和行为方式,做到在党规党纪之下而不是党规党纪之外、更不是党规党纪之上行使权力。

习近平总书记指出:领导干部"要坚持原则、恪守规矩,严格按党纪国法办事;要严肃纲纪、疾恶如仇,对一切不正之风敢于亮剑;要艰苦奋斗、清正廉洁,正确行使权力,在各种诱惑面前经得起考验"。这是对领导干部的严格要求,也是正确行使权力的完整表达。

三、严以用权,必须任何时候都不搞特权、不以权谋私

一般而言,特权是指个人或组织凭借经济势力、政治地位和特殊身份,在经济、政治、文化、社会等领域享有的特殊权利或者权力,其本质特征是凌驾于法律和制度之上,不受监督和制约。领导干部的特权是指个人享有超出法律和制度规定之外的权力。领导干部的职权是职位和职务范围内的管理权限,是依法享有职责赋予的权力,同时也承担相应的责任和义务。而特权不承担相应的责任和义务,只享受权力带来的利益。

特权思想的产生既有历史因素也有现实因素。中国封建社会长达数千年，"官本位"、等级制度、宗法制度等封建思想的影响始终存在，在一定的历史条件还会复苏，"封妻荫子""一人得道、鸡犬升天""刑不上大夫，礼不下庶人"等封建特权思想还会对人们的思想和行为产生影响。改革开放后，西方资产阶级腐朽的生活方式、享乐主义思想直入国门；市场经济负面思想效应如唯利是图、拜金主义都对人们的思想和行为产生现实影响。当领导干部精神懈怠，权力监督与约束机制不健全，谋求特权和特权现象就会出现。"四风"(形式主义、官僚主义、享乐主义、奢靡之风)与特权思想有密切的关系，特权在本质上是追求特殊化、差异化，必然脱离群众，骄奢淫逸。特权与腐败之间没有明确的边界，特权中有腐败因素，又是腐败的途径，两者实质都是滥用权力谋取私利，往往存在着量变到质变的关系。特权对腐败起着催化剂和推动力的作用，特权发展到一定的程度，必然会演变为腐败，所以反腐败必须先反特权。

特权危害非常严重。首先是损害社会的公平与正义。特权破坏各种规矩，助长等级差别观念，非法侵占公共资源特别是稀缺资源，加剧社会矛盾，导致群众与党和政府的对立，严重损害党群干群关系。其次是破坏依法治国。特权凌驾于法律和制度之上，有法不依、执法不严、违法不究，冲击正常社会秩序。权大于法的特权现象使社会公众信权不信法，影响全面依法治国的贯彻和实现。最后是会阻碍改革深化。拥有特权的特殊利益集团在制度变革的过程中往往扮演阻碍者的角色，甚至作为旧体制的维护者走向改革的对立面。

特权严重违背我们党的性质和宗旨。党章第一章第二条明确规定："中国共产党党员永远是劳动人民的普通一员。除了法律和政策规定范围内的个人利益和工作职权以外，所有共产党员都不得谋求任何私利和特权。"2013年1月22日，习近平总书记在十八届中央纪委二次全会上讲到反对特权思想、特权现象时，引用1980年制定的《关于党内政治生活的若干准则》第十一条指出："在我们的国家中，人们只有分工的不同，没有尊卑贵贱的分别。谁也不是低人一等的奴隶或高人一等的贵族。那种认为自己的权力可以不受任何限制的思想,就是腐朽的封建特权思想,这种思想必须受到批判和纠正。共产党员和干部应该把谋求特权和私利看成是极大的耻辱。"

反对特权,党员领导干部需要切实认清特权的危害性,从思想上警惕特权思想,抵制封建主义和资产阶级腐朽思想;在党内政治生活中讲民主,积极开展批评与自我批评;在经济上讲清白,建立"清""亲"新型政商关系;在日常工作生活中反"四风",艰苦朴素,戒骄戒奢。

以权谋私是各种腐败现象的集中表现,也是党中央反腐工作的重点。2010年1月,中共中央印发的《中国共产党党员领导干部廉洁从政若干准则》,在禁止"利用职权和职务上的影响谋取不正当利益"等8个方面对党员领导干部提出了52个"不准",规范了党员领导干部的廉洁从政行为。2007年5月30日,中央纪委印发了《中共中央纪委关于严格禁止利用职务上的便利谋取不正当利益的若干规定》,进一步严格细化以权谋私的纪律处分。2015年10月,中共中央印发了《中国共产党廉洁自律准则》取代《中国共产党党员领导干部廉洁从政若干准则》,从正面倡导、规范全党廉洁自律。

现实中以权谋私往往和党员领导干部家庭及身边工作人员有密切关系。习近平总书记在中纪委六次全会上说:"我还要强调一下家风问题。从近年来查处的腐败案件看,家风败坏往往是领导干部走向严重违纪违法的重要原因。不少领导干部不仅在前台大搞权钱交易,还纵容家属在幕后收钱敛财,子女等也利用父母影响经商谋利、大发不义之财。有的将自己从政多年积累的'人脉'和'面子',用在为子女非法牟利上,其危害不可低估。古人说:'将教天下,必定其家,必正其身。''莫用三爷,废职亡家。''心术不可得罪于天地,言行要留好样与儿孙。'在培育良好家风方面,老一辈革命家为我们作出了榜样。每一位领导干部都要把家风建设摆在重要位置,廉洁修身、廉洁齐家,在管好自己的同时,严格要求配偶、子女和身边工作人员。"

不以权谋私,党员领导干部要切实遵循党内各项规章制度,尤其是要搞好家风建设,严格要求配偶、子女和身边工作人员。这既是对自己负责,也是对家庭和身边工作人员负责。

习近平总书记高瞻远瞩地指出,党风廉政建设永远在路上,反腐败斗争永远在路上,作风建设永远在路上。各级领导干部要认真贯彻总书记严以用权的要求,为党和人民的事业鞠躬尽瘁。

推动党风廉政建设和反腐败斗争的深入开展(节选)

江泽民

(2000年12月26日)

一、关于正确认识党的执政地位及其带来的影响

我们党是马克思主义政党,我们国家实行的是人民当家作主的社会主义制度。我们党和国家的性质与腐败现象是格格不入的。那么,为什么在我们党内和社会上还会出现腐败现象呢?而且会那么顽固地存在呢?这个问题,一直在我的脑海中盘旋,也一直是我深深思考的问题。

前面已经讲了关于腐败现象产生的一些原因,我觉得还可以也需要从我们党执政以后地位的变化及其带来的相关问题作进一步的思考。历史唯物主义认为,社会存在决定社会意识,人的行为也不是凭空产生的。社会政治地位和社会生活环境必然要对人们的思想和行动发生作用。对一个政党也是如此。

我们党已经历了近八十年的历史,为中国人民、为中华民族建立了不朽的功绩。这八十年历程,包括两个大的历史时期。前二十八年是为夺取全国政权、建立新中国而奋斗的时期。在这个时期,我们党团结和带领全国各民族人民,与国内外敌人进行了殊死斗争,付出了巨大牺牲。后五十多年,是我们党掌握全国政权、履行执政职能的时期。在这个时期,我们党团结和带领全国各民族人民进行社会主义革命、建设和改革,

开辟了建设有中国特色的社会主义的新道路,取得了各项事业的巨大成就。在这两个不同的历史时期里,我们党的地位发生了重大变化,从一个为夺取政权而奋斗的党成为一个掌握着全国政权的执政党,成为一个连续执政五十多年的党。党的地位的这种历史性变化,不能不对党员和干部队伍带来深刻的影响。

在革命战争时期,参加党、参加革命队伍,就要准备奉献个人的一切乃至牺牲生命,大家都为崇高的革命理想和人民利益而奋斗。在反动派残酷统治的政治环境和极其艰苦的生活环境中,为了取得革命的胜利,广大党员和干部只有紧紧依靠人民群众,从人民群众中获得支持和力量,才能生存,才能发展,否则就会失败。党领导人民打土豪、分田地,抗击日本军国主义侵略,反对国民党的反动统治,都是代表人民群众利益的,人民群众发自内心地拥护我们,我们党与群众形成了血肉联系。那时,我们党可以调动的资源十分有限,从高级干部到普通党员,都过着十分艰苦的生活。新中国成立之后,党成为执政党,掌握了政权,有了调动全国人、财、物等资源的权力,而且权力之大,可调动的资源之多,都是未执政前无法比拟的。大批党员、干部担任了从中央到地方各个部门、各个地区的领导职务,手中都掌握了这样那样的权力。党的地位的变化,党员和干部的地位的变化,对各级党组织和每个党员、干部都是一个新的极大的考验,也给我们党的自身建设提出了新的课题。最主要的问题是:党的各级干部是否真正懂得我们的权力是人民赋予的,能不能正确地运用手中的权力?能不能始终保持与人民群众的密切联系,永远不脱离群众?对于这个重大问题,应该说,我们党从一开始就是十分清醒的。

新中国成立前后,毛泽东同志多次郑重地告诫全党,要永远保持艰苦奋斗的工作作风,防止因胜利而骄傲、以功臣自居、停顿起来不求进步、贪图享乐不愿再过艰苦生活等情绪的滋长,要警惕别人用糖衣裹着的炮弹的攻击。毛泽东同志曾经把掌握全国政权比作进京"赶考",并且语重心长地说,我们都希望考个好成绩,我们决不当李自成,不能从北京退回去,退回去就失败了。党的八大,曾经对党执政后地位的变化和可能带来的问题从理论上政治上作过深刻的分析,要求全党同志必须谦虚谨慎,正确运用手中权力,防止脱离人民群众,经得起执政的考验。为了防止发生腐败行为,我们党作出了很大的努力。总的说来,那时广大党员、干部是清廉和比较清廉的。十一届三中全会以后,我们党领导人民进行改革开放和现代化建设。新时期、新任务、新环境,使我们党执政面临着新的考验。针对国际国内环境的新变化和党内、社会上出现的一些新问题,邓小平同志反复强调,要坚持不懈地加强党的建设,要把党管好。一九八二年四月十日,在中央政治局讨论打击经济犯罪活动时,邓小平同志语重心长地说:"这股风来得很猛。如果我们党不严重注意,不坚决刹住这股风,那么,我们的党和国家确实要发生会不会'改变面貌'的问题。这不是危言耸听。"一九八九年六月十六日,邓小平同志又一次尖锐地指出:"要整好我们的党,实现我们的战略目标,不惩治腐败,特别是党内的高层的腐败现象,确实有失败的危险。"党中央一再强调,执政党的党风是关系党和国家生死存亡的重大问题。毛泽东、邓小平同志和党中央之所以在这个问题上一而再、再而三地提醒全党同志,就是要全党同志始终十分警惕党执政后地位的变化可能带来的影响,始终坚持党的性质和宗旨,始终不脱离群众,始终保持蓬勃的生机和旺盛的生命力。我们说要经得起执政的考验,就是这个意思。五十多年来,总体上说,我们党经受住了执政的考验。

但是,许多事实也一再说明,我们党成为执政党以后,党内一些人逐渐不思进取、好逸恶劳,不愿意艰苦奋斗、贪图享乐的思想滋长起来了,利用手中掌握的权力谋取私利的现象不断发生了,形式主义、官僚主义的不良作风也泛滥起来了。并不是只有我们党会遇到这样的问题,其他社会主义国家的共产党执政以后特别是长期执政后都遇到这样的问题。现在有些原社会主义国家的执政党已经垮掉了,丧失了政权,教训十分深刻。如果我们不警惕,不警觉,让那些与我们党的性质、宗旨相违背的错误思想和腐败行为蔓延开来,那将带来灾难性的后果。党内一些人所以能搞各种各样的腐败活动,就是因为他们利用了我们党是执政党这一条件,利用了党和人民赋予他们的权力。历史和现实都表明,执政党的建设和管理,比没有执政的政党要艰难得多。我们党是马克思主义的执政党,但要做到永远不脱离群众,永远立于不败之地,也是很不容易的。因此,我们必须自觉地坚持不懈地从思想上、政治上、组织上、作风上全面加强党的建设,舍此没有别的办法。越是执政时间长了,越要抓紧党的自身建设,越要加强对党员和干部的管理,不能有一丝一毫的放松。

成为执政党特别是长期执政以后,我们遇到的一个突出问题,就是如何使广大党员和干部始终树立正确的利益观。我们党是立党为公的,在任何时候都把群众利益放在第一位,一切为了群众,一切依靠群众,从群众中来,到群众中去,绝不能脱离群众和凌驾于社会之上。当然,共产党人不是清教徒,也有正常的家庭生活,也有正常的社会交往,党员和干部要开展工作,也需要赋予一定的职权。随着经济的发展,党员和干部的物质待遇和工作、生活条件也应该逐步得到改善。这些在法律和政策规定范围内的个人利益和工作职权是正当的。

我们党一直要求,所有的共产党员和党的各级干部,都必须坚持党和人民的利益高于一切,个人利益服从党和人民的利益,吃苦在前,享受在后,决不允许以权谋私。这从我们党执政的那一天起,就是十分明确的。应该说,在这个问题上,绝大多数的党员、干部做得是好的。但是,在现实生活中,确实也有些党员和干部违背党的要求,他们在人民利益、国家利益、集体利益和个人利益之间,更多地偏向于自己的个人利益,甚至热衷于追逐不应该属于自己的不合理的、非法的个人私利,并不惜利用自己的地位、职权、影响去竭力维护和扩大这种私利。这是十分错误的。实际上,许多消极腐败现象,都是因这种私利而起。为了追逐这种私利,一些党员和干部,一事当前,先为自己和子女、亲属着想,先为自己所属的小团体着想,而把人民群众的利益、党和国家的利益抛在了脑后,结果形形色色的以权谋私、权钱交易、骄奢淫逸、贪赃枉法的行为都发生了。

我们发展社会主义市场经济,实行改革开放政策,根本目的是要提高最广大人民群众的物质文化生活水平。党的各级领导干部应该带头把执行党的现行政策同坚持党的理想和党章对党员领导干部提出的要求统一起来，处理好"先富"与共同富裕的关系。但是，有些党员和干部并没有正确理解党和国家的这项政策，总想着自己怎样先富起来，甚至丧失原则采取各种不合法的手段谋取私利。如果一个部门、一个地区的领导，对广大群众的利益，特别是对下岗职工、贫困人口的生活困难不闻不问，整天为自己的利益盘算；如果一个地方面貌长期没有改变，群众的生活还比较清苦，而干部都住上了小楼，坐上了豪华轿车，整天花天酒地；如果领导干部不带领和组织群众发展生产、改善生活，一心只想着替自己安排什么"后路"，为子女、亲属、朋友等安排"出路"，群众怎么会拥护你呢？群众不怨恨你才怪哩！领导干部绝不能利用手中的权力去捞取和维护这种私利，否则就会给党和人民的事业带来极大的危害，自己到头来也会弄得身败名裂。当然，对党员、干部应该得到的合理利益，也应当予以保障。现在不少地方基层党政干部工资没有按时足额发放，给他们的生活带来了很大困难。这个问题，应进一步引起各地和有关部门的高度重视，切实加以解决，使他们能够安心工作。不能干那种"又要马儿跑，又要马儿不吃草"的事。

我们还要特别警惕人们所说的"既得利益"问题。我们党公开声明，党除了工人阶级和最广大人民的利益，没有自己特殊的利益。正是由于我们党始终坚持了这一条，所以我们在革命、建设和改革的各个历史时期，都得到了人民群众的衷心拥护和支持。但是，我们也要清醒地看到，由于我们党处在执政地位并长期执政，党内有一些人逐渐产生了一种错误的思想倾向，他们把党和人民赋予的职权，把自己的地位、影响和工作条件，看成是自己的所谓既得利益，不是用这些职权和条件来为党、为人民更好地工作，而是用来为自己捞取不合理的、非法的私利。他们甚至把这些东西看成是谁也碰不得、动不得的私有财产，想方设法地要去维护和扩大这种所谓既得利益。这是十分危险的。历史事实说明，不少剥削阶级的政党或政治集团，在执政以后，利用手中掌握的权力攫取本阶

级、本集团和执政官员个人的私利,并极力维护和不断扩大这种私利,结果形成了一个欺压人民,侵害人民利益的既得利益集团。正因为这样,他们终究要受到人民群众的反对。我们党是中国工人阶级的先锋队,是全心全意为人民服务的,绝不允许搞剥削阶级政党及其统治集团所追求的那种既得利益,也绝不能成为那样的既得利益集团。如果走到了那一步,我们党就必然要失败。我提出这个问题是要说明,对我们这样一个长期执政的政党来说,党内一些干部是容易产生所谓既得利益的思想倾向的,希望全党同志都始终保持高度的警觉,自觉地同这种错误的思想倾向进行斗争。

我已多次提出,每一个领导干部都应好好想一想,参加革命是为什么?现在当干部应该做什么?将来身后应该留点什么?这个问题我看还要继续提、不断提,各级领导干部都要经常想、反复想、深入想。各级干部特别是高级干部只有把这些问题想清楚、想正确,方能在行动上力求做到一身正气,堂堂正正。领导干部一定要树立正确的利益观,要"先天下之忧而忧,后天下之乐而乐",时刻把人民的利益、党和国家的利益放在首位。不论社会怎么发展,对共产党员来说,全心全意为人民服务这个宗旨不能变,吃苦在前、享受在后这个原则不能变。每一个党的领导干部,都要廉洁奉公,艰苦奋斗,做到无论在何种情况下都忠诚于党和人民的事业,不改变革命的初衷。

共产党员和党的干部,要代表党和人民掌好权、用好权,必须努力提高自己的思想道德素质和科学文化素质,这也是做好执政工作、防止发生腐败现象的重要条件。消极腐败现象之所以在一些党员和干部身上发生,同他们的思想、道德、科学文化水平不高也有密切的关系。党员、干部不是生活在真空中。他们在社会上生活、工作,不可避免地会受到社会上存在的一些腐朽思想文化和生活方式、市场经济的消极因素的冲击。如果党组织不加强教育和管理,如果自己不警惕、不防范,其中必然会有一些人受到这些东西的侵蚀。因此,不断提高干部的思想道德素质和科学文化素质,对党风廉政建设和反腐败斗争具有基础性的作用。

我一直认为,加强学习,对提高人的精神境界很有益处,对自觉抵制消极腐败现象也很有益处。学习搞好了,掌握的理论知识和科学文化知识多了,政治认识和精神境界提高了,讲政治、讲正气才讲得起来。勤于学习,善于学习,不仅有利于我们更好地改造客观世界,也有利于我们更好地改造主观世界。全党同志特别是领导干部,一定要坚持学习、学习、再学习。

我所以强调大家要正确认识党的执政地位及其带来的相关问题,主要是想说明,我们党作为执政党,必须高度关注党与群众的关系问题、人心向背问题。人心向背,是决定一个政党、一个政权兴亡的根本性因素。政风廉洁,从来是赢得民心,实现政治清明、社会安定繁荣的重要一环。这是只对兴亡规律的一个重要经验总结。中国历史上一个个王朝的覆灭,世界历史上一个个不可一世的大帝国的崩溃,当今世界一些长期执政的政党的下台,都与人心向背的变化有很大的关系。秦始皇作为我国历史上第一个统一了中国的封建帝王,开始是代表了历史发展要求的,但他好大喜功,横征暴敛,弄得民怨沸腾,不过传之二世秦王朝就灭亡了。杜牧在《阿房宫赋》中说:"呜呼!灭六国者,六国也,非秦也。族秦者,秦也,非天下也。嗟呼!使六国各爱其人,则足以拒秦;秦复爱六国之人,则递三世,可至万世而为君,谁得而族灭也?秦人不暇自哀,而后人哀之;后人哀之而不鉴之,亦使后人而复哀后人也。"这里说的就是人心向背。隋炀帝从他父亲隋文帝手里接过皇位时,全国的经济实力是比较强的,他开始也想有所作为,重建西域交通,修驰道,筑长城,开通大运河,对维护国家安全和改善交通运输条件是有积极作用的。但他役使民力过度,再加上他穷奢极欲,纵情声色,造成百姓苦不堪言,只能揭竿而起,最后他被迫自缢于江都。晚唐诗人罗隐曾做诗嘲讽说:"君王忍把平陈业,只博雷塘数亩田。"唐朝建立后,唐太宗头脑比较清醒,励精图治,纳谏任贤,轻徭薄赋,改革吏治,促进了生产力的发展,成就了空前繁荣的"贞观之治"。但后来的统治者渐渐忘乎所以,沉醉于声色犬马。唐玄宗迷恋杨玉环,不仅"春宵苦短日高起,从此君王不早朝",而且让杨玉环的堂兄杨国忠集大权于一身,为非作歹,各级官吏贪污贿赂成风,搜刮、欺压百姓,安禄山以"奉命讨伐杨国忠"为名反唐,引发"安史之乱",唐王朝也就从兴盛走向衰落,最后王仙芝、黄巢起义攻下长安,不久唐王朝就寿终正寝了。这方面的例子还多得很。中国历史上的封建王朝,很多都走了从得到民心兴起到失去民心衰亡的这样一条道路。东欧剧变、苏联解体,国民党在大陆的失败和在台湾失去政权,以及印度尼西亚前总统苏哈托的下台、墨西哥革命制度党在选举中失败、秘鲁形势的突变和前总统藤森逗留日本不归、菲律宾当前政局的动荡等等,尽管各自的原因很复杂,但人心向背的变化都是其中很重要的一个原因。对这些历史和现实的实例,我们应该明鉴啊!

我们开展党风廉政建设和反腐败斗争,坚决揭露和惩处腐败分子,包括严惩了少数违法犯罪的很高级别的干部,是因为不这样做,我们就要脱离群众,就有亡党亡国的危险。我们这样做,正是我们党有信心、有力量的表现。群众对腐败现象是痛恨的,我们反腐败,代表了最广大人民的意志,提高了党在人民群众中的威望。反腐败斗争也教育了广大党员干部,使大家从中受到警示,得到了政治考验和党性锻炼。我们提出"三个代表"的要求,并强调按照"三个代表"要求全面加强党的建设,根本的目的就在于保证我们党能够始终保持与人民群众的血肉联系。全党同志特别是领导干部,都要从这样的政治高度看待党风廉政建设和反腐败斗争,坚定不移地把这项工作推向前进。

二、关于加大从源头上预防和治理腐败现象的力度

治标和治本,是反腐败斗争相辅相成、互相促进的两个方面。治标,严惩各种腐败行为,把腐败分子的猖獗活动抑制下去,才能为反腐败治本创造前提条件。治本,从源头上预防和治理腐败现象,才能巩固和发展反腐败已经取得的成果,从根本上解决腐败问题。前些年,由于腐败现象呈现发展蔓延的趋势,我们在抓治本的同时,采取治标方面的措施更多一些。这是完全必要的。当前,反腐败斗争应该逐步加大治本的工作力度,努力从源头上预防和治理腐败现象。

第一,要将预防腐败现象寓于各项重要政策和措施之中。反腐倡廉是一个社会系统工程,需要各方面协调配合和共同努力,需要与经济建设、民主法制建设、精神文明建设等工作紧密结合。制定经济、社会、文化发展的政策,出台重大的改革措施,制定法律、法规和规章,都要把反腐倡廉作为有机组成部分考虑进去,都要对是否有利于反腐倡廉进行论证,做到存利去弊,完善决策,未雨绸缪,预防在先。各级党委和政府,各个职能部门和行业主管单位,都必须把反腐倡廉寓于自己的日常工作之中。反腐倡廉与日常管理,不能搞成"两张皮",而应该统一起来。总之,要坚持服从和服务于经济建设这个中心,适应社会主义市场经济的规则,把反腐倡廉同改革开放和经济建设重大措施的实施紧密结合起来,针对妨碍改革、发展、稳定的突出问题,及时研究、制定有效对策。

第二,要依靠发展民主、健全法制来预防和治理腐败现象。这是我们的一贯要求,也是最可靠的措施。反腐倡廉工作要逐步实现制度化、法制化。要继续加强社会主义民主政治建设和法制建设,继续完善村务公开、厂务公开、政务公开、民主评议、质询听证等民主形式,使人民群众在民主选举、民主决策、民主管理、民主监督中发挥更加积极的作用,保证权力的正确行使。各级党政领导班子必须严格实行民主集中制,加强领导班子内部监督,保证领导班子成员依纪依法办事,防止发生各种违纪违法行为,防止任何个人凌驾于党组织之上。党内生活一定要有民主空气,要欢迎讲意见。不能搞"一言堂",在讨论工作时大家要敢于发表意见。不能当面不讲,背后乱讲。更不能搞那种不负责任的逢迎拍马。这两种态度对党的事业都是有害的。对于什么应该民主讨论决定,以及通过什么程序决定,各级党政领导班子都应作出具体、明确的规定,并认真加以执行。同时,要进一步完善党员领导干部在社会主义市场经济条件下廉洁从政的行为规范,明确哪些行为是允许的,哪些是禁止的。加强反腐败方面的立法,完善预防和惩治腐败现象的法律法规,并保证法律法规的贯彻执行。各级党政部门都要坚决落实从源头上预防和治理腐败现象的要求,根据自己工作的特点,针对腐败现象易发多发的部位

和环节,制定和落实防治的规章制度与措施。

第三,要通过体制创新逐步铲除腐败现象产生的土壤和条件。依靠体制创新抑制腐败现象,是我们在实践中取得的一条重要经验。好的体制,可以有效地预防和制止腐败现象的发生,反之,不好的体制,则会导致腐败现象的滋生和蔓延。要着重抓住那些容易产生腐败现象的环节来推进体制创新工作,特别要搞好人事、财政、分配等方面的制度改革。从揭发出来的一些案件看,很多钱权交易的腐败行为,都发生在领导干部直接插手微观经济行为的过程中。改革行政审批制度势在必行,对那些应该用市场机制运作代替行政审批的项目,就要通过市场机制来处理。需要进行行政审批的项目,要建立科学的机制,以堵塞漏洞,减少钱权交易的机会。各级政府部门要进一步转变职能,凡是能通过法律、法规、政策、经济方法解决的问题,应尽量避免或减少用行政手段来解决;就是需要采用行政手段来解决的问题,也必须有公开公正的程序。要按照民主、公开、竞争的原则,推进干部人事制度改革,以利优秀人才脱颖而出,从制度上杜绝跑官要官、买官卖官现象的发生。加快财政制度改革,强化管理和监督。党政机关、国有企业和事业单位的福利待遇要逐步实现规范化、制度化。党政机关工作人员的工资制度要进一步改革和完善,总的要求是各级各类党政干部都应按中央确定的标准发放工资。事实说明,党政机关自行"创收",设"小金库",弊端甚多。比如,政令不畅通,搞"上有政策、下有对策",搞地方保护主义、部门保护主义,以及其他的不正之风都与此有关。总之,要针对容易产生腐败现象具体体制、制度和薄弱环节,通过深化改革和体制创新,建立结构合理、配置科学、程序严密、相互制约的权力运行机制。改革也要实事求是。有些环节权力过于集中,有些环节权力过于分散,都容易导致腐败现象,要根据从源头上预防治理腐败现象的需要,该分散的要分散,该集中的要集中,一切措施都要根据实际情况来决定,最终以社会效果来检验。

第四,要从思想上筑牢反腐倡廉、拒腐防变的堤防。加强党的思想政治建设,是从源头上预防和治理腐败现象的一项极端重要的工作,必须贯穿改革开放和现代化建设的全过程。在长期和平建设年代,要保持广大党员、干部的革命意志、革命精神和革命气节,很不容易,必须加强教育、加强引导、加强管理。所有的党员、干部特别是领导干部都要坚持学习马列主义、毛泽东思想、邓小平理论,坚持讲学习、讲政治、讲正气,着力于在解决世界观、人生观、价值观问题上下功夫,坚定理想信念,增强走建设有中国特色社会主义道路的自觉性和坚定性。加大反腐倡廉工作的宣传教育力度,加强对党员干部党性党风党纪教育和遵纪守法教育。教育和引导广大党员干部自觉地在改革和建设的实践中进行党性锻炼,加强思想政治修养,锻炼意志品质,提高精神境界,保持高尚的道德情操,追求积极向上的生活情趣,真正养成共产党人的高风亮节。

第五,要促进反腐倡廉各项工作的协调发展。各级党委和政府,各地区和各部门必须协调行动,形成反腐倡廉的强大合力。大家都要从各自的职责范围、工作特点出发,针对腐败现象易发多发的部位和环节,充分运用各种手段和方式,提高教育和惩治、管理和监督的效能,努力形成各部门一起动手,各领域协调行动,各种手段配合运用,全方位、多方面从源头上预防和治理腐败现象的局面。

各级党委要坚持"两手抓、两手都要硬"的战略方针,加强统一领导,坚定不移地贯彻党中央关于反腐倡廉的方针政策和各项工作部署。各地区各部门要切实摸清存在的腐败问题,抓住重点,协调各方力量,坚决加以解决,把中央的要求落到实处。要抓紧对反腐败工作落实情况的检查监督,及时发现和处理存在的问题。认真落实党风廉政建设责任制,领导班子主要领导负总责,实行"谁主管,谁负责"的原则,保证"看好自己的门,管好自己的人",一级抓一级,一级带一级,逐级负责,层层落实。严格实行责任追究。对出现的重大腐败问题,不仅要追究直接责任人的责任,还要追究不尽职尽责或领导不力的领导干部的政治责任。要深入研究在发展社会主义市场经济和对外开放的条件下腐败现象产生的特点与规律,以利提出有效的新办法、新措施,推动反腐倡廉工作深入开展。

有一个现象很值得我们注意。现在揭露的有些触目惊心的大案要案,实际上已经存在好多年了,却迟迟未能发现,结果愈演愈烈,造成了严重的危害。有的地方和部门长期存在团伙性的腐败活动,涉案人数很多,活动范围很大,也迟迟未能发现。还有,有的干部刚刚提拔上来,或者刚刚经过考核考察和"三讲"教育,就发现有重大问题。出现这些情况的原因是复杂的,但工作不扎实、不落实、不深入是其中一个重要原因。我在五中全会和经济工作会议上都讲了改进工作作风的问题。党风廉政建设和反腐败斗争,也要进一步改进工作作风。关键要坚决反对和克服形式主义、官僚主义,深入实际,深入基层,深入群众,为反腐倡廉工作奠定坚实的群众基础。搞腐败的人不可能不露出蛛丝马迹。群众的眼睛是雪亮的。如果我们工作不深入、不扎实,拖拖拉拉,敷衍了事,甚至粉饰太平,掩盖问题,那就很难发现问题。怎样深入群众、依靠群众,形成及时发现、揭露和解决腐败现象的有力机制,要作为深入开展反腐倡廉工作的一个重大课题来研究。

一九九九年,我来讲话时曾经提出,要把整顿和加强党的纪律,作为全面加强党的建设的一个重大问题抓紧抓好。今天,我要再次强调这个问题。如果没有严密的纪律,就不能维护党的团结统一,保持党的先进性和纯洁性,增强党的凝聚力和战斗力,保证党的纲领、路线和任务的实现。严肃党的政治纪律、组织纪律、经济工作纪律和群众工作纪律,这几个方面都要全面加以落实。特别是要严肃党的政治纪律,要不厌其烦地讲。作为共产党员,必须与党中央保持一致,坚定不移地贯彻执行党的路线方针政策和工作部署,不得公开发表反对意见,不得任意散布不信任情绪,不得采取阳奉阴违的态度。每个党员都要加强组织观念,顾全党和国家的大局,维护安定团结的政治局面。我们是一个有六千三百万党员的大党,没有严密的政治纪律,就会成为一盘散沙,最后是要垮掉的。有了严密的政治纪律,不仅有利于我们加强党风廉政建设,而且也有利于我们更有力地应对各种可能发生的风险。这一点,各级干部特别是高级干部一定要牢记在心。

"秋毫无犯"的长征纪律令人敬仰

红军在长征中,严格执行"三大纪律八项注意",所到之处,秋毫无犯,赢得了广大人民群众的拥护和支持。在纪念红军长征胜利80周年之际品味"所到之处,秋毫无犯"这8个字,令人肃然敬仰。

工农红军革命军,是红军的前身,早在"三湾改编"时,就规定"不拿群众一个红薯",从"不拿群众一个红薯"到"不拿群众一针一线",再到逐步形成了"三大纪律、八项注意"以及"三大禁令、四大注意"的严格规定。红军用了群众的粮菜,会留下银元和字条;有时实在没钱了,也打个欠条。无论宿营还是离开村落时,都要将老乡家打扫得干干净净。长征途中尤其是到了少数民族地区时,严格执行党的民族政策和群众纪律,尊重少数民族风俗习惯。无条件地执行党的民族政策、宗教政策,充分展示了"救国救民王者之师"的风貌。

红军长征中,每到生死关头,吃苦在前、冲锋在前的,都是共产党员和各级领导干部,并对违反纪律的党员干部毫不留情。在正常的环境中严守纪律是可贵的,而在异常困难的逆境中也能严守纪律就更为可贵。红军之所以是红军,就是在这种情况下仍然自觉严格执行群众纪律。

正是由于红军长征中纪律严明,赢得了广大人民群众的理解、支持和拥护,才使百折不挠、自强不息的长征能够取得了最后大会师的胜利。

昨天是今天的历史,今天的安宁、幸福的生活,就是80年前长征中广大将士用鲜血和生命换来的。忘记历史,就等于背叛。但是在新的历史条件下,我们有的党员干部理想信念不坚定、不守党纪、不守规矩的问题仍然存在,有的干部甚至严重违法乱纪贪污腐败,走向了犯罪的道路。2015年,全国就有33.6万人受到党纪政纪处分,1.4万人涉嫌犯罪被移送司法机关处理,1.5万名党员领导干部因落实"两个责任"不力受到责任追究。作为一名党员干部要始终清醒,带头遵纪守法是自己的良知和天职;锤炼自己的品行人格、养成遵纪守法的自信和自觉是洁身自好、"金身不坏"的不懈追求。

没有规矩,难成方圆。党员干部忘一次初心,就少一些忠诚;搞一次特殊,就失一份威信;破一次规矩,就留一个污点;谋一次私利,就失一片民心。党员干部用心呵护、传承、弘扬"所到之处,秋毫无犯"的长征纪律,才是对红军长征胜利80周年最好的纪念,也才能锤炼出一身正气、两袖清风、忠诚担当、无私奉献的崇高境界!

(来源:甘肃廉政网,2016年8月18日。收录本文时有改动)

【感悟】长征是中国共产党人领导工农红军谱写的人类历史上无与伦比的英雄史诗,艰苦奋斗、不怕牺牲、百折不挠、勇于胜利的长征精神是我们党和人民的宝贵的精神财富。"老西藏精神"和长征精神一脉相承,"三有四不怕"(有苦不怕苦、有苦不言苦、有苦不叫苦,不怕掉肉、不怕脱皮、不怕流汗、不怕牺牲)赋予了"老西藏精神"新的时代内涵。学习长征精神,发扬"三有四不怕"精神,是贯彻"三严三实"的重要保证,学习强化红军"秋毫无犯"的纪律意识能够极大促进"严以用权"的实现。

毛泽东的"四不主义"

毛泽东同志很重感情,却十分反感"一人得道,鸡犬升天"的腐朽作风。

随着解放战争的顺利进行,特别是毛泽东同志的家乡湖南解放后,许多亲戚、故旧、朋友纷纷来信,有的表示祝贺,有的寻求帮助,有的则提出要到北京来。接到这些信后,毛泽东同志很是为难,他说,他现在如果翻脸不认人,人家就会说毛泽东无情无义,何况有些人过去还帮过他,帮过我们的党呢。如果有求必应,那就成了国民党的样子了,一人得道,鸡犬升天,久而久之就会脱离群众,就会垮台。

经过再三考虑,毛泽东同志叫来秘书,对他们说:"以后一般的来信,都由你们处理。凡是要来北京看我的,一律谢绝;如果不听,偏要来,路费由他自己出;来了我也不见,公家也不接待。凡是要求我找工作的,我这里是'四不主义'——不介绍、不推荐、不说话、不写信。凡是反映地方部门工作情况的,可以作为材料收集起来,当作参考,但不往下传,不直接处理,免得下面无法工作。"

杨开智是毛泽东同志夫人杨开慧之兄,当他写信提出想到北京来工作的想法时,毛泽东同志写了一封信明确劝阻:"希望你在湘听候中共湖南省委分配合乎你能力的工作,不要有任何奢望,不要来京。湖南省委派你什么工作就做什么工作,一切按正常规矩办理,不要使政府为难。"同日,毛泽东同志在给时任湖南军政委员会委员、长沙军管会副主任王首道的信中明确说:"杨开智等不要来京,在湘按其能力分配适当工作,任何无理要求不应允许。"

　　自此,毛泽东同志的家乡很少再有人来,偶尔因事来信,他都按自己立下的规矩办,从未违背过原则。毛泽东同志严明党的纪律和规矩,为领导干部严格自律、自觉抵制特殊化作出了表率。在毛泽东同志的言传身教下,他的子女也事事要求自己,抵制来自各方面的不合理要求。

(来源:《人民日报》,2016年5月3日。收录本文时有改动)

【感悟】 "一人得道,鸡犬升天"的裙带作风从中华人民共和开国领袖那里就被彻底抛弃。"天下为公"在老一辈无产阶级革命家那里不是口号而是行动,值得广大党员领导干部一生学习践行。毛主席对亲友旧故的"不介绍、不推荐、不说话、不写信"是严以用权的表率。

七古·手莫伸

手莫伸,伸手必被捉。
党和人民在监督,万目睽睽难逃脱。
汝言惧捉手不伸,他道不伸能自觉。
其实想伸不敢伸,人民咫尺手自缩。
岂不爱权位,权位高高耸山岳。
岂不爱粉黛,爱河饮尽犹饥渴。
岂不爱推戴,颂歌盈耳神仙乐。
第一想到不忘本,来自人民莫作恶。
第二想到党培养,无党岂能有所作?
第三想到衣食住,若无人民岂能活?

第四想到虽有功,岂无过失应惭怍。

吁嗟乎,九牛一毫莫自夸,骄傲自满必翻车。

历览古今多少事,成由谦逊败由奢。

(来源:《陈毅诗词选集》,人民文学出版社,1977年。)

【感悟】陈毅元帅对一些向党和人民要权势、要享受、要名利的伸手派敲起了警钟:手莫伸,伸手必被捉。这是一个经历了几十年革命斗争风雨考验的革命家和高级领导干部对历史逻辑的深刻总结。作为党员领导干部应该时刻把党和人民的利益摆在第一位,把功劳和成绩归功于党和人民,还要经常反省自己的过失,戒骄戒奢,敬畏党和人民,用好手中权力。

严查节日四风问题一无所获　纪委干部兴奋发朋友圈

8月30日晚上12点,拉萨街头夜色深沉、华灯闪烁,忙碌了一天的西藏自治区纪委宣传部干部小刘回到了宿舍。他顾不上休息,很兴奋地在朋友圈发了一条状态:"奔波一天,'一无所获'!这个值得庆祝!希望继续保持!"

"一无所获"还值得庆祝?!这是为什么呢?

原来,今年9月1号到7号是西藏拉萨雪顿节,小刘被抽到了西藏自治区纪委与拉萨市纪委联合检查组,和同事一起,严查节日期间"四风"问题。

雪顿节,是西藏拉萨的传统节日之一,七天的时间里将举办展佛、藏戏表演、唐卡艺术博览会等多项活动。刚进藏工作一年的小刘,对这些活动都很感兴趣,可是他都参加不了。节日,对别人来说可能是休闲日,但对自治区纪委党风政风监督室的同志们来说,这是他们紧盯重要节点、严查顶风违纪行为的关键时刻。

小刘只是西藏自治区众多奋战在正风肃纪一线的纪检监察干部中的一员。今年以来,西藏自治区纪委紧紧扭住落实中央八项规定精神和自治区党委"约法十章""九项要求"不放，切实履行监督责任，锲而不舍、狠抓节点，扩大成果、不断深化，坚决防止"四风"问题反弹回潮。

紧盯节点不松劲，早打招呼早提醒

"只有把工作做在前面，让大家心里牢牢地树起一根不能碰触的弦儿，才能知纪不违纪。"西藏自治区党委常委、纪委书记王拥军告诉记者，"雪顿节前下发通知，就是为了再次给大家提个醒。"

8月25日，西藏自治区纪委下发《关于深入贯彻中央八项规定精神驰而不息纠正"四风"的通知》，向全区各级党组织明纪律、提要求，对全区广大党员干部喊话打招呼，要求做到知敬畏、守规矩。这也是西藏自治区纪委年内第三次发出正风肃纪的通知。

早打招呼早提醒，将监督关口前置，为确保中央八项规定精神落地生根，西藏自治区纪委还积极发动群众参与监督，通过自治区各主流媒体重申纪律要求、动员社会力量，提前织就一张严丝合缝的监督大网，让违纪行为无处遁形。

据了解，从8月28号开始，西藏自治区纪委组成区市纪委联合检查组，深入拉萨市区及周边县区，围绕西藏自治区纪委"十个严禁"紧盯"四风"问题新动向新情况。对各级党委（党组）、纪委（纪检组）履行"两个责任"不力、导致"四风"问题突出的，将实行"一案双查"，坚决追究领导班子和领导干部责任。

"针对顶风违纪问题趋于隐蔽的情况，我们还采取分时段、分街道、分轮次，盯紧重点餐饮点、停车场、商业街，就公车私用、违规公款吃喝等问题进行监督检查。"针对"四风"问题日趋隐蔽这一现状，西藏自治区纪委党风政风监督室主任党万军介绍道。

通报曝光不留情面，强化震慑警示作用

在西藏纪检监察网"曝光台"栏目中，西藏自治区纪委对山南地区隆子县原县委副书记、人大常委会主任格桑龙点，那曲地区交通局党组书记、副局长贡嘎违反中央八项规定精神问题进行通报曝光，这也是西藏自治区纪委今年在网络上发出的第一期违反中央八项规定精神的典型案例。

经查,山南地区隆子县原县委副书记、人大常委会主任格桑龙点,在接待山南地区洛扎县人大常委原主任尼玛扎西率领的考察组用餐时,违规安排娱乐活动,共计消费6 149元并进行报销;那曲地区交通局党组书记、副局长贡嘎,指使单位驾驶员驾驶公车从那曲县达前乡送其前往拉萨为女儿操办升学宴,并邀请贡嘎和妻子双方的亲属、同事、同学等46人参加,违规收受礼金,当事人均受到党纪政纪处分。

纪律再三强调,违纪者为何"前赴后继"?究其原因,就是思想上不重视,纪律和规矩意识淡薄。点名道姓"晒丑",让心存侥幸者收手、即将违纪违规者止步,震慑作用明显发挥。

这也是决心和力度的体现。西藏自治区纪委对发现的问题,按照"随查、随报、随核"的原则,发现一起、处理一起、查处一起、通报曝光一起。

"我们以西藏纪检监察网为平台、以西藏区内主要媒体为延伸,对违反中央八项规定精神典型案例进行点名道姓通报曝光,为广大党员干部摆活生生的例子,上生动的教育课。"西藏自治区纪委宣传部部长郑勇如是说。

今年以来,西藏自治区纪委采取个案通报、专项通报相结合和党内通报、网络通报相结合的方式,加大对典型问题的通报曝光力度。今年1至6月,各级纪检监察机关印发党内通报19批次,对51起典型问题进行了通报;网络曝光10批次,对21起典型问题进行了曝光,充分发挥典型案例的震慑作用,达到查处一个、警示一片、教育一批的目的。

坚决问责不手软,越往后执纪越严

"刘超就是因为在日常生活和工作中,纪律观念淡薄,不能严格要求自己,导致了他违反中央八项规定精神,公车私用。我们要以这次问责为警示,做好教育管理工作……"收到处分决定后,西藏自治区检察院负责同志感叹道。

今年4月28日16点,西藏自治区检察院机关驾驶员刘超驾驶公车,在拉萨市北京中路民生银行办理个人信用卡。刘超受到行政记过处分,并扣发执勤费一年。

因监管不力,西藏自治区检察院计财装备处处长邵滨江、后勤服务中心主任次仁扎西两人被诫勉谈话,并被责令在机关内做出书面检查。

王拥军多次强调,驰而不息正风肃纪就要用好责任追究这个利器,对顶风违纪、"四风"问题禁而不绝的坚决问责。

今年以来,西藏自治区纪委把违反中央八项规定精神列入党的纪律审查重点,作为纪律处分的重要内容,重点查处十八大后、中央八项规定和区党委"约法十章""九项要求"出台后、开展群众路线教育实践活动后的顶风违纪行为;重点查处公款吃喝、公款旅游、公款送礼、公车私用、大操大办收钱敛财等问题;重点加强对中央和自治区关于厉行节约、干部住房、公车配备、职务消费等规定执行情况的监督检查,着力解决领导干部特权问题。对顶风违纪、我行我素、依然故我的,不但要从重追究当事人的责任,还要追究主要负责人的责任。

紧盯节点监督检查、严格执纪问责,释放了西藏自治区纪委纠"四风"寸土不让、越往后执纪越严的强烈信号;宣示了抓早抓小、违纪必究的鲜明态度。今年1至7月,西藏自治区各级纪检监察机关紧盯重要节点,开展交叉突击检查、明察暗访400余组次,共查处违反中央八项规定精神问题56起,处理95人,其中给予党纪政纪处分56人。

(来源:《中国纪检监察报》,2016年9月5日。收录本文时有改动)

【感悟】西藏自治区纪委对"四风"常抓不懈看似没有打"大老虎"那么轰轰烈烈,但是正如习总书记指出的"世间事,做于细,成于严",从严坚持不懈纠"四风",从小事上不断强化对领导干部的党纪国法约束,形成党员领导干部"严以用权"的良好外部环境,意义同样重大。

小贴士

"莫用三爷,废职亡家"是清朝官场流行的一句谚语。何意?"三爷"是指三类关系密切的"至亲":"子为少爷,婿为姑爷,妻兄弟为舅爷"。这句谚语的意思是为官之人,切切不要对"三爷"这类至亲委以重任,否则便可能导致丢官破家的结局。

——陈延斌:《莫用三爷,废职亡家》,载《光明日报》,2016年5月11日

严以律己篇

总书记寄语

　　廉洁自律，必须筑牢思想防线，加强主观世界改造，牢固树立正确的世界观、人生观、价值观，加强党性修养，做到持之为明镜、内化为修养、升华为信条。要耐得住寂寞、守得住清贫。我刚当干部时就想明白了一个道理，鱼和熊掌不可兼得，当干部就不要想发财，想发财就不要当干部。要发财可以合法发财，自己经营，靠勤劳致富、靠能力致富、靠智慧致富，光明正大、理直气壮，这么干不是很好吗？为什么要在为党和人民服务的岗位上戴着假面具去干那些伤天害理的事？！自己的良心难道一点没有发现吗？睡得着觉吗？把这些事情想清楚了，干事自然有底线，自然有高度，自然不会做那些充满了诱惑、可能掉入陷阱、可能一失足成千古恨的事情。

　　——2014年5月8日，习近平在同中央办公厅各单位班子成员和干部职工代表座谈时的讲话

　　习近平总书记强调："严以律己，就是要心存敬畏、手握戒尺，慎独慎

微、勤于自省,遵守党纪国法,做到为政清廉。"习近平总书记这段话是对严以律己最深刻、最全面的解释。严以律己,不仅是古人修己正身所推崇的品行,在今天也具有很强的现实意义及时代意义。在"三严三实"的"三严"中,严以律己有着重要的地位。严以律己,是践行"三严"的根本保证;是严以修身的途径,并检验着严以修身的成效;是严以用权的条件。严以律己,不仅是党员干部的立身之本,而且是执政为民的具体要求,是做人为官的必修课。全体党员干部能否做到严以律己,关乎人心向背,影响着社会的发展大局。

一、严以律己的历史渊源和当代内涵

(一)严以律己是中华文化的传统美德和处世哲学

"律"即约束,"严以律己"即严格要求自己。"严以律己"这四个字最早由南宋陈亮在《谢曾察院启》中提出,"严于律己,出而见之事功;心乎爱民,动必关天治道"一直以来就是中华传统文化大力推崇的做人根本。孔子说:"君子有九思:视思明,听思聪,色思温,貌思恭,言思忠,事思敬,疑思问,忿思难,见得思义。"曾子也提出:"君子所贵乎道者三:动容貌,斯远暴慢矣;正颜色,斯近信矣;出辞气,斯远鄙倍矣。"这里所说的"九思"和"道三",其实都是慎独慎微、勤于自身的内在表现。"严以律己",不仅是古代君子为人处世的"戒尺",同时也是古代清官廉吏的基本素养和操守。可以说,在任何时代,严以律己对各级官员都极为重要。我们的党员干部也要以严以律己这条红线来约束自己,时刻保持着清正廉洁,不忘本分。

(二)全面从严治党新常态下严以律己的特定内涵

在全面从严治党的今天,习近平总书记对严以律己做出了深刻而全面的阐释,赋予了其新的特定内涵:

第一,就是要做到心存敬畏,自我约束,达到慎独慎微的境界。律己就是克己,要有克己之心,用积极的行动来克制懒散之风、贪奢之风,时刻坚守住清廉的阵地。同时,我们所说的"律己"不是律别人,为人处世

要勤勉踏实，要坚守底线，不给自己找借口，不为诱惑所折腰。这是党员干部的尊严。

第二，就是要严守法纪、规矩这把"戒尺"，并将法律法规作为准绳。从我们所说的党员干部来说，党员干部要心存敬畏，时刻牢记党纪面前人人平等。遵守党纪、法律法规没有特权，没有例外。

第三，就是要为政清廉，守住基本红线，做到不以公权谋私利。要高度重视"严以律己"，它是一种高尚的人格魅力，是成功路上的护航者，更是为政的基本底线。广大党员干部必须做到时时自省、事事自省，才能确保工作上的全身心投入。

严以律己是中华民族的传统美德。古有"吾日三省吾身""头顶三尺有神明，不畏人知畏己知"，今有"全心全意为人民服务"。代代相承的"律己"精神从不曾中断。习近平总书记引用"心存敬畏，手握戒尺""慎权、慎独、慎微、慎友""祸莫大于不知足，咎莫大于欲得"等名言，就是鼓励领导干部从古代的经典中汲取营养、智慧，就是要求领导干部管住自己的欲望，时刻不忘初心。

二、严以律己的现实意义

古人云："与人当宽，自处当严"。朱镕基也经常引用明代郭允礼《官箴》里的句子："吏不畏吾严，而畏吾廉；民不服吾能，而服吾公；公则民不敢慢，廉则吏不敢欺。公生明，廉生威"。严以律己主要就是针对领导干部如何做一个有坚定信念、有勇气担当的心怀天下、心中有"尺"的好党员、好干部而提出来的。

（一）"严以律己"是"三严"的重要内容和关键环节

在"三严三实"中，严以律己是"三严三实"成为一个整体的关键环节，无论是修身、用权，还是谋事、创业、做人，统统都离不开严以律己的支撑。同时，"严以律己"与"严以修身""严以用权"相互联系、相互统一、不可分割。"严以律己"是"三严"中最基础、最核心的要素。

严以律己是严以修身、严以用权的保障，并能促进严以修身、严以用权良性发展。何谓"修身"？修身，就是要陶冶身心，涵养德性，修持身性。那么又何谓"严以修身"？习近平总书记指出，严以修身，就是要加强党性修养，坚定理想信念，提升道德境界，追求高尚情操，自觉远离低级趣味，自觉抵制歪风邪气。而要做到这些，必须要有高度的自律，只有通过自律才能达到修身。何谓"用权"？用权，就是采用权变的办法。那么又何谓"严以用权"？习近平总书记指出，严以用权，就是要坚持用权为民，按规则、按制度行使权力，把权力关进制度的笼子里，任何时候都不搞特权、不以权谋私。公职人员要做到自觉抵制权力的诱惑、腐蚀，给权力的行使划定一个确定的范围，就必须首先做到严以律己。严以用权要求严以律己，只有这样，我们的党员干部才能时刻保持高度的警惕，杜绝任何形式的贪污腐败、以权谋私。

"先朝官吏，律己之廉，持论之厚，又于此乎见之。"无论何时，严以律己都是对公职人员的最基本的要求。

（二）"严以律己"对于把好"思想关"意义重大

严以律己不仅是中华民族的优良传统，也是共产党人的优秀品行。"归咎于身，刻己自责""善禁者，先禁其身而后人"都是要求我们做到自重、自律、自省。我们党不仅始终代表中国先进文化的前进方向，也是优秀文化的传承者。我们党从诞生之日起，就把严以律己作为一条重要标准。而中国共产党之所以能带领全国人民在革命、建设、改革中取得一个又一个胜利，也离不开严明的纪律。

我们党有8 700多万党员，党员干部能否严以律己，关乎党的发展、人心向背和社会进步。党员干部是人民公仆，一旦越线，必将产生重大后果。因此，唯有严明党纪，加强党员思想建设，方能永葆党的先进性和纯洁性。

首先，律己方可影正。《列子》曰："形枉则影曲，形直则影正"。古代先贤因为对自己要求严格，才能在各方面表现出至臻品质。在今天，我们的党员干部也唯有严格要求自己，才能端正品行，正身清心。

其次，律己方可清廉。"公生明、廉生威"。为官清正、廉洁都是从律

己开始的。明代官员况钟在《离任》中说:"捡点行囊一担轻,京华望去几多程。停鞭静忆为官日,事事堪持天日盟。"为官时把律己放在心中、践行到为民服务中,在离任时方能无愧于心。严以律己,方可为政清廉。

再次,律己方可修身。曾子曰:"吾日三省吾身"。古人的诫勉是从严以律己开始的。广大党员干部要想达到修身的境界,也应当时时反省自己、检查自己。争取做到在每一件事情上都能严格要求自己,在不断的磨砺中塑造自己。

最后,律己方可流芳。孔子曰:"躬自厚而薄责于人"。古代先贤能自觉做到的不少。曹操"割发代首"的故事广为人知,他敢于自罚的精神,真正体现了以身作则,为人典范的领导风范。学习曹操的自罚精神,就是要做到律人先律己,率先垂范,方能以德服人。

(三)"严以律己"是营造风清气正政治生态的必然要求

中国共产党党员人数众多,因此党员干部能否严以律己影响着政治生态与发展大局。当前,党员干部队伍中确实存在一些问题,特权思想、假公济私、权钱交易、消极腐败等现象在党内比较突出。意志不坚的人面对"糖衣炮弹"极有可能丧失共产党人应有的政治本色。上至"大老虎",下至"小苍蝇",均是人民的敌人。如果不能及时发现并加以解决,我们的党就很难取得群众的信任和支持。

习近平总书记痛心疾首地说:"如果升学、考公务员、办企业、上项目、晋级、买房子、找工作、演出、出国等各种机会都要靠关系、搞门道,有背景的就能得到更多照顾,没有背景的再有本事也没有机会,就会严重影响社会公平正义。"他还说:"人民群众最痛恨各种消极腐败现象,最痛恨各种特权现象,这些现象对党同人民群众的血肉联系最具杀伤力。"因此,"为政清廉才能取信于民,秉公用权才能赢得人心"。

中国共产党一直坚持反腐倡廉,尤其是近几年来采取的"老虎苍蝇一起打"的办法,为反腐败定下了总基调,再次向世人证明了中国共产党敢于直面问题、善于自我净化的勇气。纠正错误的决心和勇气,使反腐败深得党心民心。广大党员干部自觉做到严以律己,将会是党内问题彻底解决的重大推动力。

三、党员干部如何做到"严以律己"

习近平总书记对"严以律己"做出了全面而具体的阐释。做到严以律己,既是对党的事业长足发展的保证,也是对人民群众的高度负责,更是党员干部健康成长的基本保障。在工作和生活中,党员干部要做到严以律己,必须在六个方面作表率:

第一,在心存敬畏上作表率,切实做到无愧于党、无愧于民、无愧于心。我国是人民当家作主的社会主义国家,人民是国家的主人。要敬畏人民,任何时候都不可忘记自己是人民的公仆。我们手中的权力是人民赋予的,背离了人民群众的意愿和利益,得不到人民群众的支持,我们党的执政地位将不复存在。"敬畏人民",重要的是牢记党的宗旨,坚决做到"权为民所用、情为民所系、利为民所谋"。坚持群众观点,走群众路线。道路关乎命运,要走与人民群众相结合的道路。要敬畏权力,重要的是端正态度。要正确处理好个人与集体、个人与群众的关系。要虚心向人民群众学习,深入群众中与他们亲切交流,真正把人民群众当主人、当亲人、当老师。坚持问政于民、问需于民、问计于民。要敬畏法纪,长鸣警钟。对党纪国法心存敬畏,筑牢廉政反腐、拒腐防变和风清气正的思想防线、精神堤坝。

第二,在用戒律己上作表率,切实做到心有底线、头有悬剑。严以律己,应做到心中有戒,自觉遵守党的政治纪律和组织纪律,严守党内政治生活准则,做到依法用权、秉公用权、廉洁用权。我们党员干部必须要有底线思维,要不断地告诫自己"心中有戒、手中有尺"。要用"戒虚、戒骄、戒恶、戒欲"来约束自己,要做到心有所戒、言有所戒、行有所戒。古人云:"水能载舟,亦能覆舟。"要时刻牢记党的宗旨,时刻牢记自己所努力的一切都要以最广大人民的根本利益为中心,也就是用"以为民服务为宗旨"这把戒尺来律己。2016年2月,中共中央办公厅印发了《关于在全体党员中开展"学党章党规、学系列讲话,做合格党员"学习教育方案》，并要求各地区各部门认真贯彻执行。开展"两学一做"学习教育，就是要巩固"三严三实"专题教育成果，解决党员队伍在思想、作风等方面存在的问题。我们的党员要明确基本标准，自觉学习党章党规。"两学一做"学习教育，基础在于学，关键在于做。党员不仅要认真学习《中国共产党廉洁自律准则》《中国共产党纪律处分条例》等党内法规，更要以身作则，用习近平总书记系列重要讲话精神武装头脑。要养成纪律自觉、知行合一，做有信仰、有纪律、讲规矩的合格党员。

第三，在慎独慎微上作表率，切实做到守住寂寞、抵住诱惑。"慎独"出自《礼记·中庸》："君子戒慎乎其所不睹，恐惧乎其所不闻。莫见乎隐，莫显乎微，故君子慎其独也。"强调人在独处时，也要谨慎行事，仔细检点自己的行为，不做有违道德之事。我们党员干部在独自活动无人监督的情况下，也要凭着高度自觉，按照一定的道德规范行动，而不得做任何有违道德信念、做人原则和违反法律之事，始终保持共产党人的革命气节和政治本色。"慎微"提醒的是为人处世要慎微行事，小节不可随便，不可无度。刘少奇同志曾在《论共产党员的修养》中指出："在思想、言论、行动上严格地约束自己"，"最好连许多'小节'（个人生活和态度等）也注意到。"审慎于细微而能见微知著，防微杜渐。在任何时候任何情况下，始终在思想上、政治上、行动上同党中央保持高度一致，注意小处、小事，时时刻刻、事事处处都要算好"人生大账"。慎独慎微，是个人的一种境界和修养，是提高党性修养的内在要求，是党员干部的自我操守。党员干部要把"慎独慎微"内化为行为习惯，不以善小而不为，不以恶小而为之。

第四，在勤于自省上作表率，切实做到不断超越自我、不断完善自我、不断升华自我。"吾日三省吾身""见贤思齐，见不贤而内自省也""君子博学而日参省乎己，则知明而行无过矣"，这些都是党员干部勤于自省，勇于修正自身不足的重要指引。严以律己勤自省。自省是一个升华自己的人格和思想的必不可少的过程，我们广大党员干部要时刻认真"照镜子、正衣冠、洗洗澡、治治病"，结合工作实际，洗尘除垢。必须培养自省能力,注重自省,善于自省。还要经常反思,勤于自省。新时期党员干部要勤于自省、省心以严,要不断拧紧思想的螺丝、上紧廉洁的发条,要经常想、反复想、深入想,看看自己有哪些作风之弊、行为之垢需要清扫。要以"君子检身,常若有过"的态度,以德修身、以德立威、以德服众,在道德自律方面成为民众的表率。勤于自省,如实地认识自我,克服缺点,发扬优点,真正将改进作风落到实处,创造出经得起实践、经得起人民、经得起历史检验的实绩。

第五,在遵纪守法上作表率,切实做到守纪律、讲规矩、坚守底线。党纪要入脑。党员、领导干部必须模范遵守党纪国法,做遵守党纪国法的践行者。这对领导干部来讲,是最基本、最起码的要求,从某种程度上来讲也是对自己最好的保护。遵守党纪国法,首先就要把纪律挺在前面,严格遵守党纪党规。我们党是一个先进的政治组织,组织标准、纪律要求自然就要高一些、严一些。作为领导干部,就是要不折不扣带头学法、守法,不能有半点含糊。我们的党员干部切不可对党纪国法的制裁存在侥幸心理。"腐败不一定会被揭露,被查处的只是少数人",这种自以为行为隐蔽、手段高明的心态是万万不可有的。天网恢恢疏而不漏,侥幸心理的要害,是高估自己的伎俩和本事,低估党和政府反腐败的决心和力度,错估法纪的威严和力量。一旦以身试法,不遵守领导干部廉洁自律要求,无论身居何要职,都免不了落到身败名裂的下场。我们的党员干部,不仅自身要学法懂法,而且要做普及党纪国法的积极推动者。作为领导干部,要有法治思维和法制观念,要始终在党纪国法的范围内活动,把权力关进制度的牢笼里。我们要在全社会形成"办事依法、遇事找法、解决问题用法、化解矛盾靠法"的良好法治环境。

第六,在为政清廉上作表率,切实做到清正廉洁、一身正气。影响严以律己、为政清廉的党性心理品格的形成和发展,有多方面的因素。党员干部不是生活在真空中,自然会受到社会因素的影响。他可能会受到市场经济的影响。市场经济的消极影响,可能会渗透到党的政治生活中来,导致拜金主义思想在部分党员干部身上滋长蔓延,诱发政治权力腐

败。他可能会受到家庭因素的影响。家庭是严以律己良好心理品格形成和发展的重要基地,多起腐败案例就是受家庭的影响。因此,"家庭关"是党员干部严以律己道路上的重要关卡。某些党员干部在个人主观意志、情感等方面存在的消极思想也会影响党性心理品格的形成和发展。首先是意志薄弱。意志薄弱者往往缺乏坚韧性,在律己方面往往会放松要求。其次是情感障碍。人的情感有积极和消极两个方面。积极的情感是廉洁自律党性心理品格形成和发展的重要因素,而消极的情感是影响党性心理品格健康发展的重要原因。最后是知行失调。理论联系实际是党的优良传统和作风,而有些党员干部却学用不一致。我们学习的目的是以理论来指导实践,改造客观世界,而不是用来武装嘴巴,改造自己的主观世界。因此,我们的党员要淡泊名利,要谨慎交友,要算好政治账,要算好家庭账,要算好名誉账,要自觉接受监督,做到"有则改之,无则加勉"。

"善禁者,先禁其身而后人。""三严三实"始终坚持严字当头,习近平总书记对严以律己的阐述,言犹在耳,发人深省。

没有规矩不成方圆。如果我们的党员领导干部失去了对党纪国法的敬畏之心,失去了慎独慎微的自觉坚守,那么他就会失去对自我言行的约束力,导致无法挽回的后果。"欲明人者先自明,欲正人者先正己。"我们的党员干部一定要从自身做起,严守纪律阵地,争当遵纪守法的表率。我们的党员人数众多,是否能够做到严以律己,至关重要。这不仅关系到个人的前途命运,更影响着他所在集体和一个地方的政治生态以及党和国家的前途命运。当前我们要警惕的是,我们的党员干部队伍中,还存在不同程度、不同类型的不守纪律、不讲规矩的"不严不实"的现象存在。我们有的同志纪律意识、规矩意识淡薄,甚至视规定、纪律为摆设;有的同志有令不行、有禁不止,搞上有政策、下有对策的小把戏;有的同志人前人后大变样,在人前大谈纪律、装作清正廉洁,人后则放纵自己、以公权谋私利。

《礼记·大学》曰:"物格而后知至,知至而后意诚,意诚而后心正,心正而后身修,身修而后家齐,家齐而后国治,国治而后天下平。"齐家治国不可分,领导干部要做到严以律己,不仅要对自己严格要求,还要用良好的家风来守住身边人。古人云:"举头三尺有纲纪。"践行"三严三实",就要增强纪律意识,常怀律己之心,慎独慎微,经常拿起规矩这把戒尺丈量自己有没有合格,坚守为人从政的道德、法律底线,做到清正廉洁、克己奉公。

中国共产党在民族战争中的地位(节选)

毛泽东

(1938年10月14日)

根据上述理由,共产党员应在民族战争中表现其高度的积极性;而这种积极性,应使之具体地表现于各方面,即应在各方面起其先锋的模范的作用。我们的战争,是在困难环境之中进行的。广大人民群众的民族觉悟、民族自尊心和自信心的不足,大多数民众的无组织,军力的不坚强,经济的落后,政治的不民主,腐败现象和悲观情绪的存在,统一战线内部的不团结、不巩固等等,形成了这种困难环境。因此,共产党员不能不自觉地担负起团结全国人民克服各种不良现象的重大的责任。在这里,共产党员的先锋作用和模范作用是十分重要的。共产党员在八路军和新四军中,应该成为英勇作战的模范,执行命令的模范,遵守纪律的模范,政治工作的模范和内部团结统一的模范。共产党员在和友党友军发生关系的时候,应该坚持团结抗日的立场,坚持统一战线的纲领,成为实行抗战任务的模范;应该言必信,行必果,不傲慢,诚心诚意地和友党友军商量问题,协同工作,成为统一战线中各党相互关系的模范。共产党员在政府工作中,应该是十分廉洁、不用私人、多做工作、少取报酬的模范。共产党员在民众运动中,应该是民众的朋友,而不是民众的上司,是诲人不倦的教师,而不是官僚主义的政客。共产党员无论何时何地都不应以个人利益放在第一位,而应以个人利益服从于民族的和人民群众的利益。因此,自私自利,消极怠工,贪污腐化,风头主义等等,是最可鄙的;而大公无私,积极努力,克己奉公,埋头苦干的精神,才是可尊敬的。共产党员应和党外一切先进分子协同一致,为着团结全国人民克服各种不良现象而努力。必须懂得,共产党员不过是全民族中的一小部分,党外存在着广大的先进分子和积极分子,我们必须和他们协同工作。那种以为只有自己好、别人都不行的想法,是完全不对的。共产党员对于落后的人们的态度,不是轻视他们,看不起他们,而是亲近他们,团结他们,说服他们,鼓励他们前进。共产党员对于在工作中犯过错误的人们,除了不可救药者外,不是采取排斥态度,而是采取规劝态度,使之翻然改进,弃旧图新。共产党员应是实事求是的模范,又是具有远见卓识的模范。因为只有实事求是,才能完成确定的任务;只有远见卓识,才能不失前进的方向。因此,共产党员又应成为学习的模范,他们每天都是民众的教师,但又每天都是民众的学生。只有向民众学习,向环境学习,向友党友军学习,了解了他们,才能对于工作实事求是,对于前途有远见卓识。在长期战争和艰难环境中,只有共产党员协同友党友军和人民大众中的一切先进分子,高度地发挥其先锋的模范的作用,才能动员全民族一切生动力量,为克服困难、战胜敌人、建设新中国而奋斗。

论联合政府(节选)

毛泽东

(1945年4月24日)

我们共产党人区别于其他任何政党的又一个显著的标志,就是和最广大的人民群众取得最密切的联系。全心全意地为人民服务,一刻也不脱离群众;一切从人民的利益出发,而不是从个人或小集团的利益出发;向人民负责和向党的领导机关负责的一致性;这些就是我们的出发点。共产党人必须随时准备坚持真理,因为任何真理都是符合于人民利益的;共产党人必须随时准备修正错误,因为任何错误都是不符合于人民利益的。二十四年的经验告诉我们,凡属正确的任务、政策和工作作风,都是和当时当地的群众要求相适合,都是联系群众的;凡属错误的任务、政策和工作作风,都是和当时当地的群众要求不相适合,都是脱离群众的。教条主义、经验主义、命令主义、尾巴主义、宗派主义、官僚主义、骄傲自大的工作态度等项弊病之所以一定不好,一定要不得,如果什么人有了这类弊病一定要改正,就是因为它们脱离群众。我们的代表大会应该号召全党提起警觉,注意每一个工作环节上的每一个同志,不要让他脱离群众。教育每一个同志热爱人民群众,细心地倾听群众的呼声;每到一地,就和那里的群众打成一片,不是高踞于群众之上,而是深入于群众之中;根据群众的觉悟程度,去启发和提高群众的觉悟,在群众出于内心自愿的原则之下,帮助群众逐步地组织起来,逐步地展开为当时当地内外环境所许可的一切必要的斗争。在一切工作中,命令主义是错误的,因为它超过群众的觉悟程度,违反了群众的自愿原则,害了急性病。我们的同志不以为自己了解了的东西,广大群众也和自己一样都了解了。群众是否已经了解并且是否愿意行动起来,要到群众中去考察才会知道。如果我们这样做,就可以避免命令主义。在一切工作中,尾巴主义也是错误的,因为它落后于群众的觉悟程度,违反了领导群众前进一步的原则,害了慢性病。我们的同志不要以为自己还不了解的东西,群众也一概不了解。许多时候,广大群众跑到我们的前头去了,迫切地需要前进一步了,我们的同志不能做广大群众的领导者,却反映了一部分落后分子的意见,并且将这种落后分子的意见误认为广大群众的意见,做了落后分子的尾巴。总之,应该使每个同志明了,共产党人的一切言论行动,必须以合乎最广大人民群众的最大利益,为最广大人民群众所拥护为最高标准。应该使每一个同志懂得,只要我们依靠人民,坚决地相信人民群众的创造力是无穷无尽的,因而信任人民,和人民打成一片,那就任何困难也能克服,任何敌人也不能压倒我们,而只会被我们所压倒。

有无认真的自我批评,也是我们和其他政党互相区别的显著的标志之一。我们曾经说过,房子是应该经常打扫的,不打扫就会积满了灰尘;脸是应该经常洗的,不洗也就会灰尘满面。我们同志的思想,我们党的工作,也会沾染灰尘的,也应该打扫和洗涤。"流水不腐,户枢不蠹",是说它们在不停的运动中抵抗了微生物或其他生物的侵蚀。对于我们,经常地检讨工作,在检讨中推广民主作风,不惧怕批评和自我批评,实行"知无不言,言无不尽","言者无罪,闻者足戒","有则改之,无则加勉"这些中国人民的有益的格言,正是抵抗各种政治灰尘和政治微生物侵蚀我们同志的思想和我们党的肌体的唯一有效的方法。以"惩前毖后,治病救人"为宗旨的整风运动之所以发生了很大的效力,就是因为我们在这个运动中展开了正确的而不是歪曲的、认真的而不是敷衍的批评和自我批评。以中国最广大人民的最大利益为出发点的中国共产党人,相信自己的事业是完全合乎正义的,不惜牺牲自己个人的一切,随时准备拿出自己的生命去殉我们的事业,难道还有什么不适合人民需要的思想、观点、意见、办法,舍不得丢掉的吗?难道我们还欢迎任何政治的灰尘、政治的微生物来玷污我们的清洁的面貌和侵蚀我们的健全的肌体吗?无数革命先烈为了人民的利益牺牲了他们的生命,使我们每个活着的人想起他们就心里难过,难道我们还有什么个人利益不能牺牲,还有什么错误不能抛弃吗?

高级干部要带头发扬党的优良传统(节选)

邓小平

(1979年11月2日)

我们脱离群众,干部特殊化是一个重要的原因。干部搞特殊化必然脱离群众。我们的同志如果对个人的、家庭的利益关心得太多了,就没有多大的心思和精力去关心群众了,顶多只能在形式上搞一些不能不办一办的事情。现在有少数人就是做官当老爷,有些事情实在不像话!脱离群众,脱离干部,上行下效,把社会风气也带坏了。过去我们一个党委书记,比如一个县委书记、一个公社党委书记,有现在这么大的权力吗?没有啊!现在有极少数人拿着这个权力侵占群众利益,搞生活特殊化,甚至横行霸道,为非作歹,还好像是理所当然。近来上访人员很多,其中确实有少数坏人;也有一部分人反映的问题有道理或有一定道理,但由于当前条件的限制,一时难以解决;还有相当一部分人反映的许多问题,按照党和政府的现行政策,是应该和能够解决的。但是,我们有少数同志对于这些应该而又能够解决的问题,却采取官僚主义态度,漠不关心,久拖不决,个别人甚至违法乱纪,搞打击报复。这就是非常错误和不能允许的了。如果我们高级干部首先把这方面存在的问题解决了,就能理直气壮地去解决全国在其他方面存在的这类问题。上面的问题不解决,我们就没有讲话的权利,人们会问,你们自己怎样呢?总之,搞这个生活待遇的规定现在是时候了。

  我还要说一说,我们有些高级干部不仅自己搞特殊化,而且影响到自己的亲属和子女,把他们都带坏了。有少数同志在本单位、在其他地方,反映都不大好,很多是由于子女干了坏事,家长背了黑锅。比如文化大革命以前,我们党的、国家的机密保守得比较好,很少泄露出去,现在有些干部的子女可以随便看机密文件,出去随意扩散,个别的甚至向外国人卖情报,送情报。这是我们现在许多事情保不了密的一个重要原因。顺便说一下,我们现行的有些做法非改不行。过去规定,机密文件不能出办公室,保密员带文件出差要两个人同行,不能一个人出去。现在却有人把机密文件随便放在自己皮包里,随便带到什么地方去。文件个人保管,喜欢放在哪里就放在哪里,这样不行!应该有章程嘛。现在没有办公制度,有些高级干部习惯于在家里办公。我不是说少数年老体弱的同志不可以在家里办公,但是一般的不应该这样做。好多事情,集体办公一下就解决了,为什么非把文件传过来传过去,尽画圈,这不是官僚主义?有的事画圈画了半年还解决不了,究竟是赞成还是反对,也不知道。

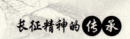

为了整顿党风，搞好民风，先要从我们高级干部整起。实行《关于高级干部生活待遇的若干规定》会带来很多好处，首先官僚主义自然而然会减少一些。当然，我们的生活会没有过去那么舒服，但比一般干部和人民群众还是不知要好多少。有时也会有些不方便，比如坐小汽车去看电影，就要出点钱。你不愿意花那个钱，不看就是了，有什么了不起？这个规定一经中央和国务院下达，就要当作法律一样，坚决执行，通也要执行，不通也要执行。

人民的好公仆焦裕禄

焦裕禄（1922年8月16日—1964年5月14日），山东淄博博山县北崮村人，中国共产党革命烈士，干部楷模。1946年加入中国共产党，1962年被调到河南省兰考县担任县委书记。时值该县遭受严重的内涝、风沙、盐碱三害，他坚持实事求是、群众路线的领导工作方法，同全县干部和群众一起，与自然灾害进行顽强的斗争，努力改变兰考面貌。他身患肝癌，依旧坚持工作，1964年5月14日病逝于郑州，终年42岁。焦裕禄被誉为"党的好干部""人民的好公仆""县委书记的榜样""共和国的脊梁"。

1962年的冬季，焦裕禄来到了河南省兰考县，在这里他看到了自然灾害的严重与农民生活的疾苦。他当即下定决心必须尽自己最大的努力来带领这里的人民群众抗灾自救，根除内涝、风沙、盐碱这三害。他说："感谢党把我派到最困难的地方，越是困难的地方，越能锻炼人。请组织上放心，不改变兰考的面貌，我决不离开这里。"

兰考是一个受灾严重的地区。当时整个县的重心工作都放在抗灾救灾上，但是成效甚微。县里的有些干部对改变兰考面貌甚至已经失去了信心。焦裕禄认为"干部不领，水牛掉井"，如果干部都挺不起腰杆，怎么有资格调动群众的积极性呢？于是，他开始通过实践行动来统一县领导班子思想。

在一个风雨交加的晚上,焦裕禄带领县委委员到火车站。他沉重地对在场的同志们说:"他们绝大多数人,都是我们的阶级兄弟。是灾荒逼迫他们背井离乡的,不能责怪他们,我们有责任。党把这个县36万群众交给我们,我们不能领导他们战胜灾荒,应该感到羞耻和痛心……"焦裕禄哽咽了,在场的人无不深受感动。他给大家上了一次最贴近现实、最生动的一节思想政治课。也使县委一班人下定决心,改变兰考的面貌。

但是要想彻底摆脱这"三害",将它从兰考土地上彻底驱走,谈何容易。于是,他下定决心要把兰考县1080平方公里土地上的自然情况摸透,以详细掌握第一手资料。通过调查研究,县委基本上掌握了水、沙、碱发生、发展的规律,并据此制定出了切实可行的改造兰考大自然的规划。在这个规划上,焦裕禄同志满怀激情地写道:"我们对兰考的一草一木都有深厚的感情。面对当前严重的自然灾害,我们有革命的胆略,坚决领导全县人民,苦战三五年改变兰考面貌。不达目的,我们死不瞑目。"在除"三害"的斗争中,焦裕禄同志亲自率领干部、群众进行试验,然后以点带面,全面铺开。焦裕禄同志既是指挥员又是战斗员,参加劳动就是他的日常生活的全部。群众都把焦裕禄看成是"跟咱一样的庄户人"。

榜样的力量是无穷的。在焦裕禄的带领下,全县的广大干部、群众都积极地向"三害"发起了猛攻,并取得了很大的成效。

焦裕禄同志始终保持艰苦朴素的作风。焦裕禄在洛阳矿山机械厂工作的时候,工资就比较高,但是他经常接济别人,而他自己长期有病,家里人口又多,生活比较困难,却坚决拒绝别人给他救济。甚至有一次回山东老家时,因为手头拮据,竟没能按家乡风俗给初次见面的侄媳妇包个红包。他说:"兰考,是个重灾县,人民的生产、生活都很困难,我们应该首先想到他们。要把这些钱用到改变兰考面貌的伟大事业上去,用到改善兰考人民的生活上去。"焦裕禄还经常教育子女要朴素、节俭。有一次,焦裕禄的大儿子去看戏,焦裕禄便质问他戏票哪来的,孩子回答是收票人员知道他是焦裕禄儿子,便没有收票就让他进去了。焦裕禄听了非常生气,当即把一家人叫来开了一次家庭会议,并命令孩子立即把票钱如数送给戏院。后来,他又专门起草了一个《干部十不准》的文件,即:

1. 不准用国家和集体的粮食大吃大喝,请客送礼。

2. 不准参加封建活动。

3. 不准赌博。

4. 不准挥霍浪费粮食,用粮食做酒做糖。

5. 不准用集体的粮食或向社员摊派粮款演戏、演电影。谁看电影看戏谁拿钱,谁吃饭谁拿钱。

6. 业余剧团只能在家乡、本队演出,不准借春节演出为名,大买服装、道具,铺张浪费。

7. 各机关、学校、事业单位的党员干部,都要以身作则,勤俭过年,一律不准请客送礼;不准拿国家物资到生产队换取农、副产品;不准用公款组织晚会;不准送戏票;礼堂10排以前的戏票不能光卖机关干部,要按先后顺序卖票;一律不准到商业部门要特殊照顾。

8. 不准利用职权到生产队或其他部门索取物资。

9. 积极搞好集体的副业生产,增加收入,改善生活,不准弃农经商,不准投机倒把。

10. 不准借春节之机,大办喜事,祝寿吃宴,大放鞭炮,挥霍浪费。

这份通知是焦裕禄同志对党员干部的要求,体现着不占公家便宜,不损害老百姓利益的思想。

1964年春天,正当兰考人民同涝、沙、碱斗争胜利前进的时候,焦裕禄同志病倒了。医生们开出的最后诊断书上写着:"肝癌后期,皮下扩散。"县里的同志和兰考的群众代表前来看他,他不谈自己的病,首先问县里的工作、生产情况。他的大女儿到医院去看他,他嘱咐道:"小梅,你参加革命工作了,爸爸没有什么送给你,家里的那套《毛泽东选集》,就作为送你的礼物吧。那里面,毛主席会告诉你怎么做人,怎么工作,怎么生活……"焦裕禄病危的时候,用尽全力断断续续地说:"我……没有……完成……党交给我的……任务……没有实现兰考人民的要求……心里感到很难过……我死了不要多花钱……省下来钱支援灾区建设……我只有一个要求……请组织上把我运回兰考……埋在沙丘上……活着我没有治好沙丘……死了也要看着兰考人民把沙丘治好。"

焦裕禄去世的同年11月,中共河南省委号召全省干部学习焦裕禄同志忠心耿耿地为党为人民工作的革命精神。1966年2月7日,《人民日报》发表长篇通讯《县委书记的榜样——焦裕禄》,全面介绍了焦裕禄的感人事迹,同时还刊登了《向毛泽东同志的好学生——焦裕禄同志学习》的社论。随后,全国各地掀起了一个学习焦裕禄的热潮。

"兰考人民多奇志,敢教日月换新天"。焦裕禄同志所形成的"牢记宗旨、心系群众,勤俭节约、艰苦创业,实事求是、调查研究,不怕困难、不惧风险,廉洁奉公、勤政为民"的"焦裕禄精神"鼓舞着一代又一代的领导干部做实事、做好事、做有利于人民群众的事。习近平这样评价焦裕禄精神:"无论过去、现在还是将来,都永远是亿万人们心中一座永不磨灭的丰碑,永远是鼓舞我们艰苦奋斗、执政为民的强大思想动力,永远是激励我们求真务实、开拓进取的宝贵精神财富,永远不会过时。"焦裕禄同志是我们永远学习的好榜样。

【感悟】焦裕禄精神为各级干部忠实履行职责提供了行动标杆,为弘扬为民务实清廉作风指明了方向,历久弥新,熠熠生辉。

一尘不染、两袖清风

孔繁森,1944年出生,山东聊城人,孔子第74代孙。1961年参军,在部队连年被评为"五好战士"。1966年加入中国共产党。1979年,国家计划从内地抽调一批干部到西藏工作,时任聊城地委宣传部副部长的孔繁森主动报名,请人写了"是七尺男儿生能舍己,作千秋鬼雄死不还乡"的条幅。刚到西藏,他又写下"青山处处埋忠骨,一腔热血洒高原",以此铭志。

1979年7月,孔繁森第一次进藏。原定孔繁森担任日喀则地委宣传部副部长,当地党委考虑到他年轻能干,在征求他本人同意后,派他到海拔更高的岗巴县任县委副书记。在岗巴工作的3年间,他跑遍了全县的乡村、牧区,和当地群众一起收割、打场,干农活、修水利。与藏族群众结下了深厚的友谊。

1988年,孔繁森在母亲年老体弱、3个孩子尚未长大成年、妻子身体多病的情况下,仍然克服艰难险阻,再次进藏。这次,他担任拉萨市副市长,分管文教、卫生和民政工作。为了发展当地的教育事业,孔繁森奔走于全市各个县区。在到任仅4个月的时间里,他就跑遍了全市8个县区所有的公办学校和一半以上的村办小学。付出总会有回报,他的辛劳使

拉萨的适龄儿童入学率从45%提高到80%。孔繁森对于分管的卫生和民政工作也同样的认真负责。他经常走访养老院,给孤寡老人送温暖。全市56个敬老院和养老院,他竟走访了48个。阿里地处西藏西北部,平均海拔4 500米,被称为"世界屋脊的屋脊"。恶劣的自然环境、艰苦的生活条件使西藏这个偏远的地区医疗卫生条件非常差,病人经常患病得不到及时的治疗。因此,他每次下乡时都会特地带一个医疗箱,买上数百元的常用药,送给急需的农牧民。工作之余也会给农牧民群众听诊、把脉、发药、打针。一个医药箱可能不能救治所有的病痛,但对于那些患者来说,这往往是他们最急切的渴望。尼木县续迈等3个乡群众易患大骨节病,为了解决这一问题,他多次爬到海拔将近5 000米的山顶水源处采集水样,帮助群众解决饮水问题。这表现出孔繁森心甘情愿为人民服务的精神。

1992年底,孔繁森第二次调藏工作期满,但他毫不犹豫地选择继续留在西藏,担任阿里地委书记。阿里是西藏最偏僻和平均海拔最高的地区,自然环境之苦可想而知。为了发展阿里的经济,他亲自带队深入调查研究,寻找带领群众脱贫致富的路子。不到两年的时间,年近半百的他就走遍了全地区106个乡中的98个。饿了就吃口随身携带的干粮,渴了就喝口山上流下来的雪水。为了鼓励身边的随行人员,他自己必须保持乐观,他会愉悦地说:"快尝尝,这是上等的矿泉水,高原没有污染,等我们开发出来了,让外国人花美元来买!"

皇天不负有心人,在孔繁森的努力工作下,阿里的经济有了快速的发展。从1994年开始,全西藏地区的国民生产总值超过1.8亿元,比1993年增长37.5%;西藏的国民收入超过1.1亿元,相对于1993年而言增长6.7%。

孔繁森不仅是一名优秀的共产党员、优秀的人民干部,更是一位一尘不染、两袖清风的好同志。1992年,拉萨多县发生地震。任拉萨市副市长的孔繁森赶赴灾区。在那里,他收留了3个因震灾失去父母的孤儿并亲自照顾他们的生活起居,教他们读书写字。孔繁森虽然是副市长,但他的家庭本就艰辛,再加上经常接济生活贫困的藏族群众,往往不到半个月,工资就所剩无几。他自己生活拮据,却不愿意几个孩子陪他吃苦。为了给孩子补充营养,他悄悄地跑去献血。由于年事已高,护士不建议他献血。他就恳求护士:"我家里孩子多,负担重,急需要钱,请帮个忙吧!"护士拗不过,只好同意。1993年,他先后献血共计900毫升,收取医院按规定付给的营养费900元,都用于生活补贴。

在外人看来,一个共产党的中高级干部竟让自己的生活过得如此拮据,真是难以想象。1993年,他的妻子到西藏探亲,去的路费还是自己东凑西拼筹来的。由于本来就体弱多病,妻子已花光了返程的路费。回程机票当时是每个人800元,孔繁森东挪西借才勉强凑了500元,妻子不忍丈夫为难,就自己硬着头皮找熟人又借了一些才得以回家。回到济南后,上大学的女儿对妈妈说:"学校让交学杂费,我写信给爸爸,爸爸让我跟您要。"他妻子一听,顿时泪如雨下,这其中的苦,只有她心里最清楚。口袋空空,连回家的车票都不够,去哪找钱给女儿交学费啊!

孔繁森为了将阿里地区的经济带上一个新台阶,准备发展阿里的边贸、旅游业。为此,他亲自率领相关单位去新疆西南部的塔城进行考察。1994年11月29日,他在完成任务返回阿里的途中,因车祸殉职,时年50岁。

在孔繁森的葬礼上,悬挂着一幅挽联:

上联:一尘不染两袖清风,视名利安危淡似狮泉河水。

下联:二离桑梓独恋雪域,置民族团结重如冈底斯山。

这幅挽联不仅形象地概括了孔繁森光荣的一生,同时更是道出了藏族人民对他深深的怀念。

人们在料理孔繁森的后事时,只看到两件遗物:一是他仅有的8元6角钱;一是他去世前4天写的关于发展阿里经济的12条建议。

为纪念孔繁森,中共聊城地委、聊城地区行署,中共西藏自治区党委,中共山东省委、山东省人民政府,先后作出向孔繁森同志学习的决定。《人民日报》发表《向孔繁森同志学习》的社论。国家主席江泽民、全国人大常务委员会委员长乔石,先后为孔繁森题词。中共中央组织部追授孔繁森"模范共产党员""优秀领导干部"的称号。2009年9月14日,他被评为100位新中国成立以来感动中国人物之一。

孔繁森同志经常说:"老是把自己当珍珠,就时常有怕被埋没的痛苦。把自己当泥土吧!让众人把你踩成路。"马克思说过:"如果我们选择了最能为人类幸福而劳动的职业,就不会被他的重负所压倒,因为这是为全人类所做的牺牲，那时我们感到的将不是一点点自私而可怜的欢乐，我们的幸福将属于千万人，我们的事业并不显赫一时，但将永远存在；而面对我们的骨灰，高尚的人将洒下热泪。"今天，重忆孔繁森，他身上体现的励志精神，他一生充满着的爱国、爱家、爱人民的无私奉献的精神，虽历久，仍铭心！

【感悟】 孔繁森精神的闪光之处，在于他清正廉洁、公正无私的高尚品格。新形势下，各级领导干部面临的环境比以往复杂得多，形形色色的诱惑也很多，这就更加需要消除私欲，时刻保持清醒的头脑，不忘党和人民的重托，不忘自己的神圣职责，像孔繁森那样视名利淡如水，拒腐蚀，永不沾，做一个公正无私的领导干部。

从不搞特殊化的周恩来

周恩来经常对身边的人说："我们国家干部都是人民的公仆，应该和群众同甘苦，共命运。如果图享受，怕艰苦，甚至走后门，特殊化，那是会引起群众公愤的。"周恩来同志毕生严以律己、艰苦朴素，只求奉献、不思回报。他虽身居高位，但从不搞特殊化，对自己和家人都是严格要求。"精神生活方面，我们应该把整个身心放在共产主义事业上，以人民的疾苦为忧，以世界的前途为念。这样，我们的政治责任感就会加强，精神境界就会高尚。""物质生活方面，我们领导干部应该知足常乐，要觉得自己的物质待遇够了，甚至于过了，觉得少一点好，人家分给我们的多了就应该居之不安。要使艰苦朴素成为我们的美德。"周恩来这样说，事实上，他也做到了。

长征期间，毛泽东、周恩来、朱德率领红军进入云南省马龙县。周恩来同志工作了一个晚上都没有吃上饭，所以警卫员魏国禄和另一个小同志准备给他找点吃的。他们在一个老乡家里发现了两碗苞米饭和10个鸡蛋。可是屋里没人，无法付钱，魏国禄就想着先回去再说。当他将做好的饭端给周恩来时，周恩来眉头紧皱："这些东西是从哪儿弄来的？"答："买来的。"又问："多少钱？"他们俩支支吾吾答不上来。周恩来面露不悦地说："不行，你们从哪里拿来的，赶快送回哪里去！随便拿老百姓东西，违反革命纪律，要好好检讨！"二人听了难过地低下了头。周恩来见此，又换了温和的口气说："咱们是工农红军、人民的子弟兵，绝不允许乱拿群众的一针一线。在任何时候、任何地方，都必须牢牢地记住：要用我们的实际行动向群众宣传，粉碎敌人的反革命宣传。"二人听了便写了一张纸条，大意是："大伯，大娘：我们红军路过此地，大休息时，我们一位同志一天没吃饭，想到村里买点东西吃，走了一圈儿，没有见到一个人，结果跑到你家里，拿了两碗苞米饭，10个鸡蛋。这是我们违反了红军的三大纪律八项注意，应该向你们赔礼道歉。先给你们留下此条，内有银元一块，作为苞米饭和鸡蛋的钱，请大伯大娘收下。"周恩来认真看过，说："你赶紧送去吧！"这件事才算结束。

在大家的印象中，我们尊敬的周恩来总理一直都是那种风度翩翩的样子。殊不知，他的衣服大都是穿了几十年，破损后又织补好继续穿的。有的衣服甚至都看不出原来的样子，可他仍舍不得扔掉。衣服袖口磨破了，换个新的袖口继续穿，领口磨破了，换个新的领口照旧穿得舒适。甚至他的洗脸毛巾都用了几十年，破了就让身边的人给补上。毛巾上面的毛都脱落了，仍继续用。有一次，他穿着带有补丁的衣服接见外宾，身边的工作人员劝他将这套衣服换掉，他却爽朗地笑说："穿补丁衣服照样可以接待外宾。""织补的那块有点痕迹也不要紧，别人看着也没关系。丢掉艰苦奋斗的传统才难看呢！"工作人员也知道他的脾气，只好不再说什么。1963年，因公事需要，他出访亚非欧14国。到了开罗，随行工作人员不便将他缝补多次的衣服拿到外国宾馆去洗，只得请我国驻埃及大使馆的同志帮忙，并再三嘱咐千万不要用力搓，以免搓破。大使夫人边洗边流泪，感叹我们的一国总理竟然这么节俭。至于他穿用了几十年破旧的睡衣、皮凉鞋和第一代上海牌国产手表等，已作为珍贵文物，存放在中国历史博物馆。

在饮食方面，周恩来也是极其简单的。他的家常饭菜就是一些粗粮。周总理吃完饭总会夹起一片菜叶将碗底抹干净，掉在桌上一粒饭都会捡起来吃掉。有人对他如此节俭感到心疼，他便会安慰说："这比人民群众吃得好多了！"国务院经常召开会议，会议若到中午还没结束，食堂便会做工作餐。周总理亲自规定工作餐的标准是"四菜一汤"，每人必须交饭菜钱，谁也不能搞特殊。有一次，他听说有的领导同志带着家人到地方考察，所有的食宿都由地方支出，非常愤怒。随后，在全国第三次接待工作会议上他向各省市代表提出:"今后无论哪个领导到省里去,吃住行等所有开支,地方一概不要负担,都要给客人出具账单,由本人自付。这要形成一种制度。"三年饥荒时期,总理带头节约,不吃猪肉、鸡蛋、稻米等。炊事员心疼他的身体,便劝说:"您这么大年纪了,工作起来没黑天白日,又吃不多,不要吃粗粮了!"总理回答:"不,一定要吃,吃着它,就不会忘记过去,就不会忘记人民啊!"一位专机机长回忆周总理吃饭的情景,感慨地说:"我心里不禁百感交集。什么叫廉洁,看看总理就知道了。"

周恩来总理对自己严格,也不允许家人搞特殊化。早在新中国成立之初,周恩来就因为一些亲友想要谋求一官半职而专门开个家庭会议,定下"十条家规":一、晚辈不准丢下工作专程来看望他,只能在出差顺路时去看看;二、来者一律住国务院招待所;三、一律到食堂排队买饭菜,有工作的自己买饭菜票,没工作的由总理代付伙食费;四、看戏以家属身份买票入场,不得用招待券;五、不许请客送礼;六、不许动用公家的汽车;七、凡个人生活上能做的事,不要别人代办;八、生活要艰苦朴素;九、在任何场合都不要说出与总理的关系,不要炫耀自己;十、不谋私利,不搞特殊化。总理确实做到了,他从没有利用自己的权力为自己或亲朋好友谋过半点私利。周恩来的一个侄女赴内蒙古,由于自身表现良好,经推荐参军。周恩来得知后要求侄女返回内蒙古插队。他一面安慰侄女:"你参军虽然符合手续,但内蒙古那么多人,专挑上了你,还不是看在我们的面子上?我们不能搞特殊化,一点也不能搞。"一面发话给相关同志:"你们再不把孩子退回去,我就下命令了。"最终这个侄女脱下军装,返回了内蒙古。

众所周知,周恩来和邓颖超是一对为世人所敬仰的模范夫妻。然而,周恩来严以律己的精神有时会让旁人感觉"委屈"了邓颖超。建国初期,国家按照职务高低给参加革命战争的功臣一定级别的工资。邓颖超完全可以将自己定位行政3级或4级,但她考虑到我们国家的艰难,给自己定的工资级别是5级,这对她来说并不高。但是,周恩来看到中央审批的文件时,对邓颖超说:"小超呀,你最近身体不好,上班也不正常,现在中央还批准你拿行政5级的工资,我看你拿6级就够了。"语气虽然平缓却不容置疑。邓颖超听后连忙答应照办,还风趣地说自己是"夫唱妇随"。周恩来一生廉洁，身后没有留下任何个人财产，二人一生中的全部工资积蓄都交了党费。他经常说："对自己应该自勉自励，应该严一点，对人家应该宽一点，'严以律己，宽以待人'。"无论是对家人还是对身边的工作人员，他都不以领导身份自居。他也经常告诫领导干部要始终保持共产党人的政治操守，过好思想关、社会关、亲属关和生活关等。周恩来的一生，体现了"鞠躬尽瘁，死而后已"的老一辈无产阶级者无私奉献的革命精神。

1976年1月8日，周恩来与世长辞。从那天开始到1月15日（他的葬礼举行的日子），甚至以后更长的时间里，几乎所有国家中所有重要的人物，都对他的逝世发表了悲痛的声明或谈话。许多国家降半旗志哀，联合国也下半旗，同时没有升起联合国会员国的国旗。

一些国家的外交官感到不平，要求联合国给个说法。据当年在联合国总部工作的一位中国外交人员回忆，当时的联合国秘书长瓦尔德海姆站出来，发表了既感人又意味深长的讲话。他说："为了悼念周恩来，联合国下半旗，这是我决定的，原因有二：

一是中国是一个文明古国，她的金银财宝多得不计其数，她使用的人民币多得我们数不过来。可是她的周总理没有一分钱存款！

二是中国有10亿人口，占世界人口的1/4，可是她的周总理没有一个孩子。你们任何国家的元首，如果能做到其中一条，在他逝世之日，总部将照样为他降半旗。"

讲完这番话，他扫视了一下广场，那些外交官先是哑口无声，接着响起雷鸣般的掌声。这也反映了联合国及各国人民对我们敬爱的周总理的高尚品格的高度认可。

联合国前秘书长哈马舍尔德于1955年在北京会见过周总理后说过一句广为流传的话："与周恩来相比，我们简直就是野蛮人。"同周恩来接触较多的一些知名人士，对他清正廉洁的作风也是赞不绝口。宋庆龄说："周总理在个人生活和作风上，和他在政治上一样，是一个真正的共产主义者。"

【感悟】"出淤泥而不染，濯清涟而不妖。"廉者，莲也。千百年来，唯有心存敬畏、严以律己的人才能流芳百世。那些自私自利、滥用职权的人注定要被历史、被社会、被人民所淘汰。"清风一枕南窗卧，闲阅床头几卷书。"无论什么时候,严以律己、清正廉洁将永远是时代的需要、人民的呼唤。也唯有清廉,才能取信于民,赢得人心。我们共产党员要牢记自己永远是劳动人民的普通一员,不能有任何特殊化。从自身做起,坚决反对任何形式的特权思想、特权现象。

红军长征二三事

老一辈无产阶级革命家为什么能保持"拒腐蚀,永不沾"的高尚品质呢?就像黄金不易变质是因为它抗腐耐蚀一样,我们的老一辈无产阶级革命家有着坚定的革命信仰,他们始终保持着廉洁奉公的品行操守。他们深知,作为党和国家领导人必须自觉主动地遵守规矩、以身作则,才能让我们的党、我们的国家永葆生机。

据经历过红军长征的一位将士记载,红军之所以能得到民众帮助,不是因为红军威逼利诱,而是红军从上至下纪律严明,不拿群众一针一线,甚至主动帮助百姓打土豪,没收官僚、劣绅的财物,全数散给百姓。红军领袖的日常生活也极其节俭。当时,在其他党派中,一个团长都可能极尽奢华,更不要说师长、军长了。但是我们的红军将领则能做到与普通士兵在吃、穿、用等方面一律平等。

陈云赴苏前在上海写下了追述红军长征的文稿《随军西行见闻录》:"赤军军官之日常生活,真是与兵士同甘苦。上至总司令下至兵士,饭食一律平等。赤军军官所穿之衣服与兵士相同,故朱德有'火伕头'之称。不知者不识谁是军长,谁是师长。"一位经历过长征的士兵也回忆说,当时红军将领与士兵特别亲近,军长、师长常和士兵一起打篮球、排球等。这种情形也是其他军队中少有的现象。也正因为如此,红军才能在各种困难之下坚定信念、勇敢向前,而士兵也毫无怨言。红军将领的品行亦值得我们深思。例如,红军军官没有贪污及克扣军饷的;红军军官既不赌博,也不抽大烟。种种事例都表明当时的红军严以律己,当时的中国共产党纪律严明。

1935年1月7日,红军先头部队在阴雨连绵中攻下了贵州第二大城市遵义。贵州军阀王家烈的师长柏辉章匆忙逃跑,留下一片狼藉。周恩来就在柏辉章的公馆里办公。警卫员范金标、魏国禄在收拾周恩来住的房间时,发现了一个金戒指,非常好看。当时大家都没见过这个东西,一时间都围了上来,边欣赏边争论。第二天一大早,魏国禄就戴着昨天发现的金戒指去给周恩来同志送水,眼尖的周恩来一下就注意到了,因此大声责问:"魏国禄,你懂不懂'三大纪律八项注意'?"魏国禄立马答道:"懂得!"周恩来又问:"懂得很好!你执行得怎么样?"魏国禄当时懵了,小声回答:"我没有什么呀!"周副主席指着他手上的戒指问:"你手上那个东西是从哪里来的?"魏国禄当时还不以为意地说:"昨天打扫房子捡的。"周恩来语重心长地说:"打土豪要归公,你懂吗?这个房间是柏辉章的,他虽然逃跑了,可他家的一切东西,都是剥削劳动人民的不义之财,要归还贫苦人民。"魏国禄一听,顿时羞愧难当,跑去将金戒指交给了指导员。

【感悟】老一辈无产阶级革命家用他们的实际行动向我们证明,只有时刻践行全心全意为人民服务的宗旨,做到廉洁自律,统一自己的思想和言行,才能真正做到永葆革命青春。而他们的榜样力量,将永远支持着我们的党员干部勇敢前行。

小贴士

自律不严,何以服众?

——张养浩《风宪忠告》

广积不如教子,避祸不如省非。

——林逋《省心铨要》

所求于己者多,故德行立。

——《管子·君臣下》

一不敬,则私欲万端生焉,害仁,此为大。

——杨时《二程粹言·论道篇》

谋事要实篇

总书记寄语

> 谋事要实,就是要从实际出发谋划事业和工作,使点子、政策、方案符合实际情况、符合客观规律、符合科学精神,不好高骛远,不脱离实际。
> ——2014年3月9日,习近平在参加十二届全国人大二次会议安徽代表团审议时的讲话

思想解读

当前,我国的发展处于一个关键时期,能否贯彻党中央全面深化改革、不断扩大开放的方针,直接关系社会主义现代化建设事业的兴衰,也关系民族复兴的伟大梦想能否实现。要使党在现阶段的各项方针政策都符合我国现阶段的基本国情,必须全面落实习近平总书记"谋事要实"的要求,也就是"从实际出发谋划事业和工作,使点子、政策、方案符合实际情况、符合客观规律、符合科学精神,不好高骛远,不脱离实际"。

一、从实际出发谋划事业和工作

首先,坚持从实际出发谋划事业和工作,要清醒地认识我们现阶段的国情。我们现在处于并将长期处于社会主义初级阶段,我们党的各项方针政策,各种发展计划和各项改革措施,都要建立在客观、真实的"实事"基础之上。经过30多年的改革开放,我们的生产力水平有了很大的提高,但是我国仍然是世界上最大的发展中国家。虽然新中国成立以来特别是改革开放以来,我国社会主义现代化事业取得举世瞩目的伟大成就,但底子薄仍然是一个不争的事实,要达到发达国家的经济文化发展水平,也同样要有一个相当长的奋斗历程。始终牢记和准确把握这个基本国情非常重要。比如,我们在考虑和解决城镇化问题的时候,可以研究和借鉴国外的相关经验,但必须看到我国有13亿多人口,而且半数人口在农村,因而就不能拿国外的城镇化经验来简单对比和套用。可以说,为了建设中国特色社会主义现代化,我们在改革和发展的过程中,既要借鉴和利用西方资本主义发达国家那些对我们有益的东西,又要鉴别和摒弃那些不符合中国特色社会主义道路和不适合我国现阶段生产力发展要求的东西。我们想问题、做决策、办事情,都不能忘记、忽视我国社会主义初级阶段的基本国情和基本特点。

与此同时,我们还要认识本地区、本部门、本单位的实际。我国领土幅员辽阔,天南地北的差异很大,而且由于历史地理等复杂原因,经济社会发展极不平衡。不同的地区、不同的部门和不同的单位之间可以说更是千差万别,各有各的具体情况。因此,我们想问题、定计划、做决策、办事业都离不开本地区、本部门和本单位的具体实际,只有这样才能使我们的实践活动切实可行,才有可能经过努力实现目标。

其次,坚持从实际出发谋划事业和工作,要坚持实事求是的思想路线。实事求是是马克思主义的精髓和灵魂,是我们党的思想路线的核心内容,也是党的优良传统和作风。因此,坚持实事求是,是一个党员干部最基本的思想修养,也是判断一个党员干部是否具有正确的世界观、是

否具有纯正的党性的基本标准。当前环境下,我们更应该大力发扬解放思想、实事求是、与时俱进的思想作风,坚持一切从实际出发,做实事求是的表率。

一是实事求是是马克思主义活的灵魂。列宁指出:"马克思主义的精髓,马克思主义的活的灵魂:对具体情况作具体分析。"毛泽东是中国共产党内,对实事求是做出科学概括和阐释的理论家。他说:"'实事'就是客观存在着的一切事物,'是'就是客观事物的内部联系,即规律性,'求'就是我们去研究。"因此,实事求是的基本要求是一切从实际出发,同时发挥人的主观能动性,去探寻事物内部的必然联系即规律性,这体现了唯物主义从物质到精神的基本观点;实事求是强调从实际出发,调查和研究事物之间的必然联系即规律性,体现了唯物辩证法的基本特征;实事求是强调实践是检验真理的唯一标准,体现了马克思主义认识论的基本精神。因此,实事求是是马克思主义的精髓,是毛泽东思想的精髓,也是中国特色社会主义理论体系的精髓。

二是实事求是是中国共产党思想路线的核心内容。党的思想路线是一切从实际出发,理论联系实际,实事求是,在实践中检验真理和发展真理。从理论上来说,实事求是内在地包含了一切从实际出发、理论联系实际、在实践中检验真理和发展真理的内容,是党的思想路线的核心和实质。一切从实际出发是实事求是思想路线的前提和基础,理论联系实际是实事求是思想路线的根本途径和方法,在实践中检验真理和发展真理是实事求是思想路线的验证条件和目的。因此,我们通常把党的思想路线概括为"实事求是"。历史证明,党的发展与壮大离不开对实事求是思想的贯彻。面对大革命的失败,以毛泽东为核心的中国共产党人没有盲目照搬苏联的经验,而是立足于中国实践,大胆探索,成功地走出了一条"农村包围城市"的中国革命道路。新中国成立后,我们党坚持从中国实际出发,走自己的路,逐步探索适合中国社会主义建设的道路。"文化大革命"结束后,以邓小平为核心的第二代领导集体进行思想领域的拨乱反正,重新恢复和确立实事求是的思想路线,立足中国国情和具体实际,在实践中大胆探索、勇于创新,成功开辟了中国特色社会主义道路。回首我们党成立90多年的历史,可以充分证明这样一条真理——党的一切成功,归根到底靠的是实事求是;党出现的失误和挫折,根本原因是背离了实事求是。

三是实事求是是每个党员干部应当具有的思想品质和工作作风。党员干部是党的路线方针政策的执行者,需要具备实事求是的思想品质,需要形成正确的马克思主义世界观。坚持实事求是,坚持一切从实际出发,就不能从本本出发,犯本本主义、教条主义的错误;坚持一切从实际出发,就不能脱离实际只从头脑出发,凭主观,拍脑袋,想当然,甚至主观臆造,异想天开,坠入一厢情愿的梦想空洞之中;坚持从实际出发,就不能搞有名无实、形大于实、或以他人之行谋自己之实的形式主义。领导干部要带头做到实事求是,就必须带头提高理论素养,自觉地把学习当成一种精神追求、一种价值观念、一种思想境界、一种生活方式,深入学习和掌握马克思列宁主义、毛泽东思想和中国特色社会主义理论体系,牢固树立科学的世界观和方法论。只有这样,才能在思想上、行动上真正坚持实事求是,自觉地同弄虚作假、违背客观规律的行为作斗争。要做到实事求是,就要注重对相关情况的调查和研究。毛泽东同志曾经说过,"没有调查,没有发言权"。

对实际情况进行调查,取得第一手资料,这是实事求是最基本的要求,也是实事求是的前提和基础。坚持实事求是说起来简单,但是做起来需要花费大量的时间和精力。因为客观世界是错综复杂、千变万化的,各种各样的规律都是隐藏在数不胜数的表象之中的。要真正做到实事求是,必须眼睛向下看、脚步朝下走,到基层去、到实践中去、到群众中去,虚心听取群众意见,集中群众智慧,总结实践经验。特别是多搞一些典型调查、专题调查和系统调查,问政于民、问需于民、问计于民,走进基层听真话、察实情、解民意。

二、努力做到"三个符合"

"三个符合"是习总书记对于我们工作的要求和期望,也是实事求是

这一活的灵魂在日常实践中的体现。贯彻实事求是的方针,需要使我们的各项决策符合具体真实的实际情况,符合事物变化、社会发展的客观规律性,符合广大人民群众的根本利益。

第一,要符合实际情况。符合实际情况就要坚持脚踏实地,了解工作中基本的情况。实际事物都不是抽象的,我们工作的出发点只能是客观实际。要了解客观实际,就必须深入工作的第一线、密切联系群众、对实际情况进行调查研究,把客观存在的事实搞清楚,还要把事物的内部和外部联系弄清楚。这是我们能够找出解决相关问题办法的不二法门,也是我们能够及时了解人民群众需要的重要信息渠道。因此,毫不夸张地说,调查研究是贯彻从实际出发精神的中心一环。调查研究如此重要,需要我们注意以下几点:

一是坚持理论联系实际。理论是对客观事物规律的总结,是从实践中产生出来的,理论是否正确最终还是需要在实践中进行检验,理论的丰富和发展也只能依赖于客观实践。当然,理论一经形成,可以对实践起指导作用,发挥自身的价值。这种关系意味着真正的理论一定要和实践联系在一起。理论如果脱离了实际,就会成为僵化的教条,就会失去其活力与生命力。对待马克思主义经典著作和世界社会主义运动的历史经验,更是要和我们国家的社会主义建设实践相联系,绝不能脱离中国的具体实际而盲目照抄照搬。在这方面,我们党在历史上是有过沉痛教训的。对待其他的社会科学理论,比如经济学、政治学等方面的理论著作,我们要注意分析、研究并借鉴其中有益的成分,但绝不能离开中国的具体实际盲目照抄。

二是坚持密切联系群众。"密切联系群众"是我们党三大优良作风之一,是我们党的力量源泉。历史证明,中国共产党之所以能够从弱到强、从小到大,和我们与群众建立起的血肉联系密不可分。进入21世纪以来,中国共产党提出了"三个代表"重要思想,其中非常重要的一点就是"代表最广大人民群众的根本利益",这就是党的宗旨和党密切联系群众优良作风的体现。密切联系群众要求党和政府,要求每一位党员干部在任何时候都把群众的利益放在第一位,同群众共甘苦,一切为了群众,一切依靠群众,从群众中来,到群众中去,形成反映群众意愿和要求的路线政策,团结组织群众,解决群众问题,实现好、维护好、发展好人民群众的根本利益。作为一个党员只有心中有群众,才能联系群众,才能谈得上为群众办事谋利。密切联系群众,懂得广大群众需要什么、期盼什么,把群众的诉求当作谋事的核心内容,把群众的所思所盼当作谋事的关键要义,端正作风,务实求真,戒躁戒虚,把工作精力集中用到最需要的地方、最管用的地方、最见实效的地方,唯有如此,我们的各项事业才能扎实推进。各级干部只有把身子沉下去,下到基层,同群众交往,了解他们的艰难困苦,这样民情才能浮上来,才能及时了解社会主义市场经济建设中、社会生活中的新变化和群众工作的新情况,基层中劳动人民的创新举措和智慧才能源源不断地涌现。

  三是坚持实地调查研究。调查研究的作风,不仅是党在数十年革命和建设中所获得的宝贵经验,也是当今时代的必然选择。对于各级领导干部来说,调查研究更是做好一切工作的基础技能。当今社会,科学技术飞速发展,各种新情况新问题不断涌现、层出不穷。我们国家又处在社会转型期。因此,更需要我们发扬深入实际、深入基层、深入群众进行实地调查研究的作风。广大党员干部特别是领导干部,要从政治的高度深刻认识密切联系群众的重要性,要经常深入最基层去调查研究,掌握第一手资料,掌握最新的进展和变化,掌握人民群众的真实生活状况和最迫切的要求,从群众中寻找解决问题的方案和办法,使作出的决策和决策的执行充分体现民心民意。在调查研究中,要竭力杜绝官僚主义、形式主义作风。要深入基层、深入群众。不可否认,基层的工作和生活条件比机关相对要差一些,有时甚至会很艰苦。因此,个别地方的个别领导干部在工作中,下基层搞调查研究往往形式大于内容,做样子,摆架子,宣传推广先进典型的多,直面疑难、棘手问题的少;到繁华热闹地方锦上添花的多,去穷乡僻壤雪中送炭的少,人民群众对这种做法很不满意。我们的领导干部需要发扬以苦为乐的革命乐观主义精神,主动放下架子,亲临一线,只有这样才能听到真话,看到实情。

第二,要符合客观规律。自然界、人类社会的发展都有其固有的规律,只有认识、遵循、把握和运用规律,我们才能成功地认识世界和改造世界。在这些规律中,有一些需要重点研究与把握。

一是共产党执政规律。自从新中国成立之后,我们党一直在探索作为一个执政党的相关规律,力图完成从一个革命党到执政党的转型。中国共产党是中国工人阶级的先锋队,同时是中国人民和中华民族的先锋队,这是我们党基本的性质。我们党执政就是为了实现好、维护好、发展好中国最广大人民的根本利益。最广大人民的根本利益始终是至高无上的,党只有最广大人民的利益,没有自己特殊的利益。

这种规律就要求我们必须坚持立党为公、执政为民,把中国最广大人民的根本利益放在首要的地位,党的一切工作都必须服从和服务于中国最广大人民的根本利益,任何时候都必须坚持尊重社会发展规律与尊重人民历史主体地位的一致性,坚持为崇高理想奋斗与为最广大人民谋利益的一致性,坚持完成党的各项工作与实现人民利益的一致性。

这一执政规律也要求广大党员干部真正成为人民的公仆,为人民服务。只有这样,我们党才能不断巩固阶级基础和扩大群众基础,获得取之不尽、用之不竭的力量源泉,也才能在应对国内外各种风险考验的历史进程中始终成为全国人民的主心骨,在建设中国特色社会主义的历史进程中始终成为坚强的领导核心。

二是社会主义建设规律。中国是当今世界上最大的社会主义国家,又是最大的发展中国家。这就意味着我们的国家建设不仅具有社会主义建设的一般规律,也有着特殊的发展规律。无论是社会主义建设规律,还是我国社会特殊的发展规律,贯穿其中最基本、最本质、最核心的是发展。人类社会是在发展中不断前进的,发展是人类社会的永恒主题。发展的含义是指一个国家或社会由落后的不发达状态向先进的发达状态的过渡与转化。它既指经济发展,也包括政治、文化、社会的发展,甚至包括自然生态的发展。发展必须保持社会整体的协调、稳定和可持续。我国当代的社会主义,不同于马克思所设想的经历了资本主义成熟发展之后的社会主义。因此发展对于我们来说,拥有了更为重要的意义。在科学发展观中把发展作为党执政兴国的第一要务,表明在我们党所面临的各种繁重任务中,处于首要地位的是发展问题。从社会主义建设规律和人类社会发展规律出发,我们党提出要"求社会主义建设规律和人类社会发展规律之真,务抓好发展这个党执政兴国的第一要务之实"。这是对社会主义建设规律、人类社会发展规律的本质揭示,是历史和实践经验的科学总结,也是做到"谋事要实"的内在要求。

三是人类社会发展规律。马克思主义的历史唯物主义是理解社会发展规律的伟大创造。历史唯物主义强调发挥人民群众的根本作用,强调社会生产力是决定社会发展的决定力量。我们需要走改革开放与和谐发展的道路,着力保障和改善民生、最大限度增加和谐因素等。中国特色社会主义的发展为人类社会发展规律赋予了鲜明的时代特征,注入了新的实践经验,丰富了新的思想内涵。历史表明,中国共产党在探索中国特色社会主义的发展道路上,不断吸收借鉴全人类的文明成果,因而取得了一个又一个的成功,使中国特色社会主义这一社会发展模式,越来越受到全世界的重视。

第三,要符合科学精神。中国特色社会主义现代化的实现离不开科学的发展。因此,作为一个共产党员,需要不断提高科学修养。

提倡科学精神,要注重学习相关的科学知识。改革开放以后,邓小平提出了科学技术是第一生产力,中国迎来了科学的春天,但是,由于我国教育科技文化水平比较低,经济社会发展也不平衡,加上长期存在的封建主义残余的影响,封建愚昧落后的东西在干部群众中还有一定的市场,在工作中不讲科学甚至违背科学原理和规律行事的现象还时有发生。科学知识的普及成为当前重要的任务之一。一个人掌握了一些科学知识,还不能说他具备了科学素质,他需要把自己的行为方式、思想方式、生活方式纳入科学的轨道上来,才算是具备了科学素质。因此,科学方法的运用就显得尤为重要。科学方法是科学家在长期的科学探索中,

积累了一套行之有效的方法体系,包括归纳、演绎、实验、统计,等等。大量事实证明,只有运用科学方法,才能不断深化人们对客观规律的真理性认识。这些方法既适用于科学研究,也是促进经济社会全面协调可持续发展不可或缺的手段。只有依据科学原理和科学方法进行决策,按照科学规律办事,才能使发展真正走上科学的轨道。

三、不能好高骛远

谋划事业和工作不好高骛远,是一个合格共产党员的基本要求,因为不脱离实际是马克思主义的基本原则。其实质是坚持一切从实际出发。同时,这也是社会主义初级阶段理论的基本要求。自新中国成立以来,历经60多年的艰苦奋斗,特别是30多年的改革开放,我国现在已经成为世界第二大经济体,取得了举世瞩目的发展成绩。但是,我国正处于并将长期处于社会主义初级阶段的基本国情没有变。我国生产力的水平仍然不够发达,而且国土面积庞大,人口众多,发展极不均衡。我们不能够因为取得的成绩而沾沾自喜,更不能因为建设现代化的急切心情而不顾这些客观事实。在党的历史上,不乏不顾实际情况,好高骛远的先例。前事不忘后事之师,我们应该从这些例子中吸取经验和教训,努力将社会主义现代化建设落到实处。

反对本本主义(节选)

毛泽东

(1930年5月)

一、没有调查,没有发言权

你对于某个问题没有调查,就停止你对于某个问题的发言权。这不太野蛮了吗?一点也不野蛮。你对那个问题的现实情况和历史情况既然没有调查,不知底里,对于那个问题的发言便一定是瞎说一顿。瞎说一顿之不能解决问题是大家明了的,那末,停止你的发言权有什么不公道呢?许多的同志都成天地闭着眼睛在那里瞎说,这是共产党员的耻辱,岂有共产党员而可以闭着眼睛瞎说一顿的吗?

要不得!

要不得!

注重调查!

反对瞎说!

二、调查就是解决问题

你对于那个问题不能解决吗?那末,你就去调查那个问题的现状和它的历史吧!你完完全全调查明白了,你对那个问题就有解决的办法了。一切结论产生于调查情况的末尾,而不是在它的先头。只有蠢人,才是他一个人,或者邀集一堆人,不作调查,而只是冥思苦索地"想办法","打主意"。须知这是一定不能想出什么好办法,打出什么好主意的。换一句话说,他一定要产生错办法和错主意。

许多巡视员,许多游击队的领导者,许多新接任的工作干部,喜欢一到就宣布政见,看到一点表面,一个枝节,就指手画脚地说这也不对,那也错误。这种纯主观地"瞎说一顿",实在是最可恶没有的。他一定要弄坏事情,一定要失掉群众,一定不能解决问题。

许多做领导工作的人,遇到困难问题,只是叹气,不能解决。他恼火,请求调动工作,理由是"才力小,干不下"。这是懦夫讲的话。迈开你的两脚,到你的工作范围的各部分各地方去走走,学个孔夫子的"每事问",任凭什么才力小也能解决问题,因为你未出门时脑子是空的,归来时脑子已经不是空的了,已经载来了解决问题的各种必要材料,问题就是这样子解决了。一定要出门吗?也不一定,可以召集那些明了情况的人来开个调查会,把你所谓困难问题的"来源"找到手,"现状"弄明白,你的这个困难问题也就容易解决了。

调查就像"十月怀胎",解决问题就像"一朝分娩"。调查就是解决

问题。

三、反对本本主义

以为上了书的就是对的,文化落后的中国农民至今还存着这种心理。不谓共产党内讨论问题,也还有人开口闭口"拿本本来"。我们说上级领导机关的指示是正确的,决不单是因为它出于"上级领导机关",而是因为它的内容是适合于斗争中客观和主观情势的,是斗争所需要的。不根据实际情况进行讨论和审察,一味盲目执行,这种单纯建立在"上级"观念上的形式主义的态度是很不对的。为什么党的策略路线总是不能深入群众,就是这种形式主义在那里作怪。盲目地表面上完全无异议地执行上级的指示,这不是真正在执行上级的指示,这是反对上级指示或者对上级指示怠工的最妙方法。

本本主义的社会科学研究法也同样是最危险的,甚至可能走上反革命的道路,中国有许多专门从书本上讨生活的从事社会科学研究的共产党员,不是一批一批地成了反革命吗?就是明显的证据。我们说马克思主义是对的,决不是因为马克思这个人是什么"先哲",而是因为他的理论,在我们的实践中,在我们的斗争中,证明了是对的。我们的斗争需要马克思主义。我们欢迎这个理论,丝毫不存什么"先哲"一类的形式的甚至神秘的念头在里面。读过马克思主义"本本"的许多人,成了革命叛徒,那些不识字的工人常常能够很好地掌握马克思主义。马克思主义的"本本"是要学习的,但是必须同我国的实际情况相结合。我们需要"本本",但是一定要纠正脱离实际情况的本本主义。

怎样纠正这种本本主义?只有向实际情况作调查。

四、离开实际调查就要产生唯心的阶级估量和唯心的工作指导,那末,它的结果,不是机会主义,便是盲动主义

你不相信这个结论吗?事实要强迫你信。你试试离开实际调查去估量政治形势,去指导斗争工作,是不是空洞的唯心的呢?这种空洞的唯心的政治估量和工作指导,是不是要产生机会主义错误,或者盲动主义错误呢?一定要弄出错误。这并不是他在行动之前不留心计划,而是

他于计划之前不留心了解社会实际情况,这是红军游击队里时常遇见的。那些李逵式的官长,看见弟兄们犯事,就懵懵懂懂地乱处置一顿。结果,犯事人不服,闹出许多纠纷,领导者的威信也丧失干净,这不是红军里常见的吗?

必须洗刷唯心精神,防止一切机会主义盲动主义错误出现,才能完成争取群众战胜敌人的任务。必须努力作实际调查,才能洗刷唯心精神。

五、社会经济调查,是为了得到正确的阶级估量,接着定出正确的斗争策略

为什么要作社会经济调查?我们就是这样回答。因此,作为我们社会经济调查的对象的是社会的各阶级,而不是各种片断的社会现象。近来红军第四军的同志们一般的都注意调查工作了,但是很多人的调查方法是错误的。调查的结果就像挂了一篇狗肉账,像乡下人上街听了许多新奇故事,又像站在高山顶上观察人民城郭。这种调查用处不大,不能达到我们的主要目的。我们的主要目的,是要明了社会各阶级的政治经济情况。我们调查所要得到的结论,是各阶级现在的以及历史的盛衰荣辱的情况。举例来说,我们调查农民成分时,不但要知道自耕农,半自耕农,佃农,这些以租佃关系区别的各种农民的数目有多少,我们尤其要知道富农,中农,贫农,这些以阶级区别阶层区别的各种农民的数目有多少。我们调查商人成分,不但要知道粮食业、衣服业、药材业等行业的人数各有多少,尤其要调查小商人、中等商人、大商人各有多少。我们不仅要调查各业的情况,尤其要调查各业内部的阶级情况。我们不仅要调查各业之间的相互关系,尤其要调查各阶级之间的相互关系。我们调查工作的主要方法是解剖各种社会阶级,我们的终极目的是要明了各种阶级的相互关系,得到正确的阶级估量,然后定出我们正确的斗争策略,确定哪些阶级是革命斗争的主力,哪些阶级是我们应当争取的同盟者,哪些阶级是要打倒的。我们的目的完全在这里。

什么是调查时要注意的社会阶级？下面那些就是：

工业无产阶级

手工业工人

雇农

贫农

城市贫民

游民

手工业者

小商人

中农

富农

地主阶级

商业资产阶级

工业资产阶级

　　这些阶级(有的是阶层)的状况,都是我们调查时要注意的。在我们暂时的工作区域中所没有的,只是工业无产阶级和工业资产阶级,其余都是经常碰见的。我们的斗争策略就是对这许多阶级阶层的策略。

　　我们从前的调查还有一个极大的缺点,就是偏于农村而不注意城市,以致许多同志对城市贫民和商业资产阶级这二者的策略始终模糊。斗争的发展使我们离开山头跑向平地了,我们的身子早已下山了,但是我们的思想依然还在山上。我们要了解农村,也要了解城市,否则将不能适应革命斗争的需要。

改造我们的学习(节选)

毛泽东

(1941年5月19日)

　　但是我们还是有缺点的,而且还有很大的缺点。据我看来,如果不纠正这类缺点,就无法使我们的工作更进一步,就无法使我们在将马克思列宁主义的普遍真理和中国革命的具体实践互相结合的伟大事业中更进一步。

首先来说研究现状。像我党这样一个大政党，虽则对于国内和国际的现状的研究有了某些成绩，但是对于国内和国际的各方面，对于国内和国际的政治、军事、经济、文化的任何一方面，我们所收集的材料还是零碎的，我们的研究工作还是没有系统的。二十年来，一般地说，我们并没有对于上述各方面作过系统的周密的收集材料加以研究的工作，缺乏调查研究客观实际状况的浓厚空气。"闭塞眼睛捉麻雀"，"瞎子摸鱼"，粗枝大叶，夸夸其谈，满足于一知半解，这种极坏的作风，这种完全违反马克思列宁主义基本精神的作风，还在我党许多同志中继续存在着。马克思、恩格斯、列宁、斯大林教导我们认真地研究情况，从客观的真实的情况出发，而不是从主观的愿望出发；我们的许多同志却直接违反这一真理。

其次来说研究历史。虽则有少数党员和少数党的同情者曾经进行了这一工作，但是不曾有组织地进行过。不论是近百年的和古代的中国史，在许多党员的心目中还是漆黑一团。许多马克思列宁主义的学者也是言必称希腊，对于自己的祖宗，则对不住，忘记了。认真地研究现状的空气是不浓厚的，认真地研究历史的空气也是不浓厚的。

其次说到学习国际的革命经验，学习马克思列宁主义的普遍真理。许多同志的学习马克思列宁主义似乎并不是为了革命实践的需要，而是为了单纯的学习。所以虽然读了，但是消化不了。只会片面地引用马克思、恩格斯、列宁、斯大林的个别词句，而不会运用他们的立场、观点和方法，来具体地研究中国的现状和中国的历史，具体地分析中国革命问题和解决中国革命问题。这种对待马克思列宁主义的态度是非常有害的，特别是对于中级以上的干部，害处更大。

上面我说了三方面的情形：不注重研究现状，不注重研究历史，不注重马克思列宁主义的应用。这些都是极坏的作风。这种作风传播出去，害了我们的许多同志。

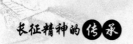

确实的,现在我们队伍中确有许多同志被这种作风带坏了。对于国内外、省内外、县内外、区内外的具体情况,不愿作系统的周密的调查和研究,仅仅根据一知半解,根据"想当然",就在那里发号施令,这种主观主义的作风,不是还在许多同志中间存在着吗?

对于自己的历史一点不懂,或懂得甚少,不以为耻,反以为荣。特别重要的是中国共产党的历史和鸦片战争以来的中国近百年史,真正懂得的很少,近百年的经济史,近百年的政治史,近百年的军事史,近百年的文化史,简直还没有人认真动手去研究。有些人对于自己的东西既无知识,于是剩下了希腊和外国故事,也是可怜得很,从外国故纸堆中零星地捡来的。

几十年来,很多留学生都犯过这种毛病。他们从欧美日本回来,只知生吞活剥地谈外国。他们起了留声机的作用,忘记了自己认识新鲜事物和创造新鲜事物的责任。这种毛病,也传染给了共产党。

我们学的是马克思主义,但是我们中的许多人,他们学马克思主义的方法是直接违反马克思主义的。这就是说,他们违背了马克思、恩格斯、列宁、斯大林所谆谆告诫人们的一条基本原则:理论和实际统一。他们既然违背了这条原则,于是就自己造出了一条相反的原则:理论和实际分离。在学校的教育中,在在职干部的教育中,教哲学的不引导学生研究中国革命的逻辑,教经济学的不引导学生研究中国经济的特点,教政治学的不引导学生研究中国革命的策略,教军事学的不引导学生研究适合中国特点的战略和战术,诸如此类。其结果,谬种流传,误人不浅。在延安学了,到富县就不能应用。经济学教授不能解释边币和法币,当然学生也不能解释。这样一来,就在许多学生中造成了一种反常的心理,对中国问题反而无兴趣,对党的指示反而不重视,他们一心向往的,就是从先生那里学来的据说是万古不变的教条。

当然,上面我所说的是我们党里的极坏的典型,不是说普遍如此。但是确实存在着这种典型,而且为数相当地多,为害相当地大,不可等闲视之的。

为了反复地说明这个意思,我想将两种互相对立的态度对照地讲一下。

第一种:主观主义的态度。

在这种态度下,就是对周围环境不作系统的周密的研究,单凭主观热情去工作,对于中国今天的面目若明若暗。在这种态度下,就是割断历史,只懂得希腊,不懂得中国,对于中国昨天和前天的面目漆黑一团。在这种态度下,就是抽象地无目的地去研究马克思列宁主义的理论。不是为了要解决中国革命的理论问题、策略问题而到马克思、恩格斯、列宁、斯大林那里找立场,找观点,找方法,而是为了单纯地学理论而去学理论。不是有的放矢,而是无的放矢。马克思、恩格斯、列宁、斯大林教导我们说:应当从客观存在着的实际事物出发,从其中引出规律,作为我们行动的向导。为此目的,就要像马克思所说的详细地占有材料,加以科学的分析和综合的研究。我们的许多人却是相反,不去这样做。其中许多人是做研究工作的,但是他们对于研究今天的中国和昨天的中国一概无兴趣,只把兴趣放在脱离实际的空洞的"理论"研究上。许多人是做实际工作的,他们也不注意客观情况的研究,往往单凭热情,把感想当政策。这两种人都凭主观,忽视客观实际事物的存在。或作讲演,则甲乙丙丁、一二三四的一大串;或作文章,则夸夸其谈的一大篇。无实事求是之意,有哗众取宠之心。华而不实,脆而不坚。自以为是,老子天下第一,"钦差大臣"满天飞。这就是我们队伍中若干同志的作风。这种作风,拿了律己,则害了自己;拿了教人,则害了别人;拿了指导革命,则害了革命。总之,这种反科学的反马克思列宁主义的主观主义的方法,是共产党的大敌,是工人阶级的大敌,是人民的大敌,是民族的大敌,是党性不纯的一种表现。大敌当前,我们有打倒它的必要。只有打倒了主观主义,马克思列宁主义的真理才会抬头,党性才会巩固,革命才会胜利。我们应当说,没有科学的态度,即没有马克思列宁主义的理论和实践统一的态度,就叫做没有党性,或叫做党性不完全。

有一副对子,是替这种人画像的。那对子说:

墙上芦苇,头重脚轻根底浅;

山间竹笋,嘴尖皮厚腹中空。

对于没有科学态度的人,对于只知背诵马克思、恩格斯、列宁、斯大林著作中的若干词句的人,对于徒有虚名并无实学的人,你们看,像不像?如果有人真正想诊治自己的毛病的话,我劝他把这副对子记下来;或者再勇敢一点,把它贴在自己房子里的墙壁上。马克思列宁主义是科学,科学是老老实实的学问,任何一点调皮都是不行的。我们还是老实一点吧!

第二种:马克思列宁主义的态度。

在这种态度下,就是应用马克思列宁主义的理论和方法,对周围环境作系统的周密的调查和研究。不是单凭热情去工作,而是如同斯大林所说的那样:把革命气概和实际精神结合起来。在这种态度下,就是不要割断历史。不单是懂得希腊就行了,还要懂得中国;不但要懂得外国革命史,还要懂得中国革命史;不但要懂得中国的今天,还要懂得中国的昨天和前天。在这种态度下,就是要盲目的地去研究马克思列宁主义的理论,要使马克思列宁主义的理论和中国革命的实际运动结合起来,是为着解决中国革命的理论问题和策略问题而去从它找立场,找观点,找方法的。这种态度,就是有的放矢的态度。"的"就是中国革命,"矢"就是马克思列宁主义。我们中国共产党人所以要找这根"矢",就是为了要射中国革命和东方革命这个"的"的。这种态度,就是实事求是的态度。"实事"就是客观存在着的一切事物,"是"就是客观事物的内部联系,即规律性,"求"就是我们去研究。我们要从国内外、省内外、县内外、区内外的实际情况出发,从其中引出其固有的而不是臆造的规律性,即找出周围事变的内部联系,作为我们行动的向导。而要这样做,就须不凭主观想象,不凭一时的热情,不凭死的书本,而凭客观存在的事实,详细地占有材料,在马克思列宁主义一般原理的指导下,从这些材料中引出正确的结论。这种结论,不是甲乙丙丁的现象罗列,也不是夸夸其谈的滥调文章,而是科学的结论。这种态度,有实事求是之意,无哗众取宠之心。这种态度,就是党性的表现,就是理论和实际统一的马克思列宁主义的作风。这是一个共产党员起码应该具备的态度。如果有了这种态度,那就既不是"头重脚轻根底浅",也不是"嘴尖皮厚腹中空"了。

以身许国王淦昌

1907年5月28日,王淦昌出生在江苏省常熟县枫塘湾,父母在他年幼时相继过世。1920年,13岁的王淦昌到上海浦东中学读书,1924年高中毕业,进入外语专修班。随后进入一所技术学校,学习汽车驾驶和维修技术。1925年王淦昌考进清华大学物理系,师从两位中国近代物理学先驱叶企孙、吴有训,开始了他献身实验物理科学研究的道路。

王淦昌在清华读书期间,亲眼目睹了北洋政府的软弱无能和西方列强对中国肆无忌惮的欺凌,这些都激发了他的爱国热情。1926年3月18日,为了抗议日本帝国主义的侵略罪行,北平多所高校的学生和群众一起上街游行,却遭到了反动政府的大屠杀。这就是震惊中外的"三·一八"惨案。王淦昌也在游行的队伍中,他亲眼目睹了身边同学惨遭杀戮,义愤之情一直难以释怀。

他找到老师叶企孙倾诉,叶先生告诉他:"归根结底是因为我们国家太落后了,如果我们像历史上汉朝、唐朝那样先进、那样强大,谁敢欺侮我们呢?要想我们的国家强盛,必须发展科技教育,我们重任在肩啊!"这句话一直成为激励他献身报国的动力。从此,努力学习不再是为了自己的前程,而是为了拯救孱弱不堪的国家。

1929年6月,王淦昌从清华大学物理系毕业,并留校任助教,在吴有训教授指导下完成论文《北平上空大气层的放射性》。

1930年王淦昌考取江苏省官费留学,到德国柏林大学威廉皇家化

长征精神的传承

学研究所攻读研究生学位,成为著名核物理学家莱斯·梅特纳唯一的中国学生。期间王淦昌提出可能发现中子的试验设想,1932年英国科学家查德威克按此思路进行试验发现了中子并获得诺贝尔奖。1934年春,苦学4年之后,王淦昌取得了博士学位。面对国外的挽留,他坚定地说:"科学虽然没有国界,但科学家是有祖国的!我出来留学的目的就是为了更好地报效我的祖国,中国目前是落后,但她会强盛起来的。"

王淦昌毅然回国后,先后任教于山东大学和浙江大学,培养出了包括李政道在内的一批优秀的青年物理学家。20世纪50年代他到中国科学院近代物理研究所工作。1959年访问苏联,在苏联杜布纳联合原子核研究所的研究中,从4万对底片中找到了一个产生反西格马负超子的事例,发现了超子的反粒子,在国际学术界引起轰动。

1960年12月,王淦昌从苏联回国。1961年4月3日,刚刚回国不久的他接到了第二机械工业部通知:刘杰部长约他即刻见面。在办公室,刘杰与钱三强一同会见了王淦昌,并向他传达了中央的重要决定:希望他参加中国的核武器研究,并要他放弃自己的研究方向,改做他不熟悉但是国家迫切需要的应用性研究,最后问他是否愿意改名。王淦昌坦然地接受了这一使命,当即写下了王京两个字,并掷地有声地说:"我愿以身许国。"这话看似简单,却有着千钧之重。这意味着背井离乡、隐姓埋名,意味着放弃如日中天的科学研究,意味着绝对保密、断绝与海外的一切关系。

当时,苏联撕毁合约,我们原子弹的研究工作基本上是从零开始。为了培养爆轰实验的队伍,王淦昌亲自给年轻人上培训课,从数学到物理再到实验分析。在燕山山脉古长城脚下的17号工地上,生活条件和实验条件非常艰苦。最初爆轰实验用的炸药和部件,全都是在帐篷里,用搪瓷盆和木棍手工搅拌出来的。在帐篷中搅拌炸药十分辛苦,但是50多岁的王淦昌仍然争着搅拌炸药。作为项目的负责人,他还要指导设计使用元件,指导大家安装,没有一项工作不倾注了王淦昌的心血。到1962年底,随着爆轰实验的成功,我国基本上掌握了原子弹内爆的手段和实验技术。

1963年春天,王淦昌告别自己的家人,创建西北核武器研制基地。因为保密要求,王淦昌只能告诉妻子吴月琴,他要到西安工作一段时间,随后,就前往了青海省海晏县的金银滩。位于金银滩草原中心地带的核武器研制基地,对外称"221厂"。在221厂,王淦昌依然主抓爆轰实验。爆轰实验分散在几个离他住地很远的实验基地进行。为了随时掌握实验进行的情况,他便走马灯似的穿梭在几个实验基地之间。每天,人们都可以看到王淦昌穿着一身统一配发的军用大衣,脚上穿着一双高筒靴,坐着吉普车匆匆而过的身影。

研制核武器是举国上下的大事,负责这样一份工作,心里的压力可想而知。晚年王淦昌在回忆录中写道:"任务非常紧迫。原子弹研制,是一个庞大而复杂的系统工程,各个环节都要严格把关。理论方案确定之后,生产实验的各个方面,必须做到周恩来总理要求的'严肃认真,周到细致,稳妥可靠,万无一失'。"繁忙的工作和巨大的压力也让王淦昌无法时刻保持冷静。有时工作出了差错,他也会大发脾气。王淦昌的"牛脾气"开始广为人知。就连邓稼先这样的老科学家因为实在忙不过来,想要迟一点再上交推导数据,去和这个王院长请示的时候,心里也是非常忐忑。

经过了无数的技术攻关以后,一切都已经水到渠成。1964年10月16日下午3时,茫茫戈壁滩上,升起了一个巨大的火球,原子弹成功爆炸了!在观察所里的人们叫着、跳着,互相祝贺,王淦昌流下了激动的热泪。在原子弹成功爆炸后,身为核武器研究院主管实验的副院长,王淦昌又迅速地投入到了氢弹实验中。1966年初,年近60岁的王淦昌和实验部的同志们一起,制定了爆轰模拟实验方案,在一次次实验中解决了引爆设计技术中的关键问题。在研制氢弹时,"文化大革命"已经爆发,在这个特殊的时期,王淦昌也无法幸免,受到了批斗。幸好在周恩来的保护下,尖端科技领域还算相对平静。王淦昌顶住压力和委屈,始终以科研为重。直到氢弹最终研制成功。

核武器工作保密程度要求极高,甚至对至亲的家人也不能透露分

· 99 ·

毫。在戈壁滩,流传着这样一个真实的故事。一对年轻夫妻在通往西部基地路上的一棵树下道别。丈夫对妻子说:"我要去远方工作,可能几年里不能给你写信,但我会天天在心里给你写信。"妻子也对丈夫说:"我也要去远方工作,几年中也无法给你写信,我会天天想着你,就像我们天天在一起一样。"他们分手时,始终没有告诉对方自己究竟要去哪里,做什么事。而没过多久,在核武器研制工作的现场,这对夫妻不期而遇。虽然双方都穿着工作服、戴着口罩,但两人还是一眼就认出了对方。王淦昌在研制核武器工作的十多年间,基本很少回家,即使好不容易回家一次,也依旧在忙他的工作。吴月琴知道丈夫在做大事,一个人抚养着5个孩子,并把他们全部培养成了大学生。而身为父亲的王淦昌,不仅没能陪伴孩子们成长,就连3个女儿的婚礼也没能参加。

1998年6月,王淦昌被授予中国科学院首批"资深院士"称号。1998年12月10日,王淦昌在北京逝世。他以自己的一生诠释了"科学家是有祖国的""我愿以身许国"。

【感悟】王淦昌坚持真理、不断求索、谦逊严谨、不计得失的美好品德,将指引我们专注事业、超越过去,为全面建成小康社会作出新的更大贡献。

蛇口工业区的开创者袁庚

1978年底,中共中央在北京召开十一届三中全会。这次会议做出了将党的工作重点转移到社会主义建设上来的决定。这意味着中国开始回到一条正确的路线上来。但是中国急需一个抛开旧体制的突破口。61岁的袁庚正是在这一背景下,接受了振兴香港招商局的重任。

袁庚的一生充满传奇色彩。他1917年4月出生于广东省宝安县大鹏湾镇,20岁参加了共产党领导的抗日武装,两年后入党,加入了在中国抗战史上赫赫有名的东江纵队。1944年,他曾经以中共东江纵队联络处上校处长的身份,与史迪威、陈纳德等美军名将交换情报。在1945

年又以上校身份赴香港,与英国海军夏惠少将,负责日军受降谈判,为尽快结束"二战"起了重要作用。也正是因此,1987年,美国庆贺美国宪法诞生200周年庆典时,袁庚被特邀作为三个特别"功勋贵宾"之一赴会。

"文革"期间,袁庚被关进秦城监狱5年之久。在周恩来等人的过问下,才重新获得自由。1978年6月,正当袁庚考虑退休之际,他接到了时任交通部长叶飞交付给他的一项特殊任务,任命他去香港招商局检查工作,调查研究如何进一步办好招商局。接到任务后,袁庚展现出了他一贯的雷厉风行的作风,立即赶赴香港,两个月后,袁庚向交通部党组提交了调研报告。在此基础上,10月9日,交通部党组向中央报送了《关于充分利用香港招商局问题的请示》。这份文件很快获得了批准,交通部开始重组招商局的领导团队,交通部副部长曾生兼任董事长,袁庚任常务副董事长。1978年10月,袁庚赴香港主持工作。成为招商局历史上的"第29代掌门人"。

由于长期派驻国外从事外交工作,袁庚接触的都是自由竞争下的市场经济,所以他对西方的经济和政治体制比较熟悉。计划经济下人浮于事、机构臃肿给袁庚留下了深刻的印象。据他回忆:"我一到交通部,就带丹麦B&W公司总裁去上海一家国营造船厂参观。那个厂一共一万多人,能够上船台工作的还不够五千人。丹麦人非常奇怪,说以你们的设备技术规模,一年就造成两条船?我问那你们造几条,丹麦人说起码造12条。"因此,袁庚上任伊始,就开始想利用招商局的对外优势,在隔海相望的蛇口建一个工业区,引进国外的资金、技术、设备和管理,不用国家投资,独立核算,自负盈亏。

袁庚将目光聚焦在与香港隔海相对的宝安县,之所以选择这里开始招商局的工作,也有着不得已的苦衷。香港寸土寸金,而招商局又缺乏雄厚的经济实力,国家也没有一分钱的支持,在香港投资困难重重。

1979年1月31日,当时的国务院副总理李先念和谷牧在中南海接见了袁庚等人,表示国家不会给招商局钱来买船建港,但是"地可以给一块",不过"生死存亡你们自己管"。在袁庚带去汇报用的香港简明地

谋事要实篇

· 101 ·

长征精神的传承

图上,李先念用铅笔对着南头半岛划了一杠,想把整个半岛都交给他,这几乎相当于现在深圳市的一半面积,袁庚等人面面相觑。最后,在这个地图上,李先念划出了现在蛇口工业区的范围,实地面积大约2.14平方公里。袁庚本人后来颇为后悔,说当时胆子太小了,要不蛇口开发区的面积就不会是今天这么小了。与现在的繁荣面貌迥异的是,当时的蛇口只不过是一个毫不起眼的边境小镇,空无人烟的原野上,种植着密密麻麻的芭蕉和荔枝,海浪一天又一天周而复始地洗刷着海边的空地,这里是海鸟的乐园,但是没有人会将它和繁荣的工业区联系起来。

1979年4月1日,蛇口工业区筹建指挥部成立。经过三个月紧张的勘察设计工作之后,招商局蛇口工业区基础工程正式动工,这是中国第一个对外开放的工业区。

为了能够吸引外资,袁庚借鉴香港的经验,决定首先发展港口。他在走马上任一个月后,跑遍了包括世界第一大港鹿特丹在内的许多港口。之后蛇口深水码头、蛇口港泊位、集装箱码头次第建成。如今,深圳的港口集装箱吞吐量已达到全球第三。这一模式以后也成为国内港口城市一再复制的模板。

对工业区的开发,袁庚确立了规矩,即"产业结构以工业为主,企业投资以外资为主,产品市场以出口为主"和"来料加工、补偿贸易、技术落后、污染环境和挤占出口配额"的项目不引进。正是有着这种远见,他的"三个为主五不引进"的政策确立了蛇口工业区生产型和外向型的大方向,不仅在经济繁荣时期稳步向前,即使在国家紧缩银根期间,蛇口工业区的日子在各特区中也最为好过。

招商局除了开发蛇口工业区,还率先创办了中国第一家股份制中外合资企业——中国南山开发股份有限公司;并先后创办了中国大陆第一家股份制商业银行——招商银行;倡导成立了中国大陆第一家由企业合股兴办的保险公司——中国平安保险公司,同时还收购了伦敦和香港的两家保险公司,成为第一家进入国际保险市场的中国企业。

他在大刀阔斧地改革经济体制之外,更把主要的兴趣和精力投入政治体制的改革上。他说:"我坚信,在中国,没有纯粹的经济问题,所有经济问题的背后,都必然是政治问题。要使市场经济成熟、规范,就必须进行政治体制的改革。"因此,袁庚主政蛇口期间引起诸多争议,但是他都扛住了压力,坚持了改革开放的正确道路。袁庚是当之无愧的中国改革的启蒙大师,中国开放的先行者。

至1992年,袁庚离任时,招商局的总资产已由当初的1.3亿增至200亿。到2000年,招商局资产管理总额达1 200多亿港元,在中国大型国有企业500强中位列第26位。

【感悟】在波澜壮阔的改革浪潮中,我们党形成了开拓创新、勇于探索、敢闯敢干、务求实效等一系列体现时代特征的思想观念和精神风尚。在实际生活中,改革创新突出表现为一种突破陈规、大胆探索、勇于创造的思想观念,表现为一种不甘落后、奋勇争先、追求进步的责任感和使命感,表现为一种坚韧不拔、自强不息、锐意进取的精神状态。

新时期的铁人王启民

大庆油田,这片回荡着中国工人阶级浩然的英雄之气的大地上,曾走出一位时代的英雄——铁人王进喜。20世纪的20年代,在大庆油田实施持续有效发展、创建百年油田的征程中,又走出一位新时期铁人——王启民。

与上一代铁人王进喜不同的是,王启民不是一个头戴铝盔、手扶刹把、有铁骨铮铮、一身浩气的工人,相反,王启民却有些文弱沉稳,但是他目光睿智,内心深处蕴藏着巨大的"热能"。但是在王进喜与王启民的身上,能够清晰地看到他们表现出来的民族精神:热爱国家、热爱事业、不屈不挠、顽强拼搏、胸怀大局、无私地为祖国的石油事业奉献出自己的一切。

王启民自1961年参加工作以来,先后荣获国家科技进步奖、中青年有突出贡献专家、全国"五一"劳动奖章、全国优秀共产党员等多项荣誉称号。在他身上,集中体现了共产党员求真务实、干事创业、奋发进取、

长征精神的传承

开拓创新的优秀品质和"爱国、创业、求实、奉献、团结、协作"的新时期铁人精神,这是铁人精神的延续和发展,是大庆油田广大科研人员的真实写照,如浮雕一样清晰地镌刻在大庆油田用18多亿吨原油铸就的历史丰碑上。

1960年4月,王启民第一次来到大庆油田,这时候他的身份还是一个来自北京石油学院的实习生。他立刻被热火朝天的石油会战场面所深深地吸引,也暗暗立下了为石油事业作出贡献的决心。1961年毕业之后,王启民主动请缨,要到大庆油田去工作。他和伙伴们写下了一副对联:"莫看毛头小伙子,敢笑天下第一流",横批为"闯将在此"。从中我们可以看到为石油事业献身的干云豪气。

为了能够提高油田的产量,20世纪60年代,王启民提出"高效注水开采方法",扭转了当时采油速度低、含水上升快、产量稳不住的被动局面,开创出中低含水阶段油田稳产的新路子。

70年代中期,中区西部试验区的油井平均含水上升,油田地下形势不容乐观。王启民带领试验组来到9平方公里的荒凉试验区,经过10年的艰苦工作,王启民发现,大庆油田的地下除主力厚油层外,低渗透层和薄层发育完好。他意识到,大庆油田在未来的开发中要保持稳产,就必须走"从肥到瘦,从厚到薄"的道路。在此基础上,他逐步形成了"分层注水、分层开采、先厚后薄、先高后低、接替稳产"的开发理论,成为整个油田后来长期稳产的重要基石。到1995年,大庆油田向世界展示了她的辉煌:原油产量在5 000万吨稳产20年后,还攀上了年产5 500万吨高峰,创造了世界油田开发史上的奇迹。

这项出色的成绩单背后,是以王启民为代表的一代代石油人的艰辛努力。王启民对自己的评价是:并不聪明。他说:"我只是比别人多下功夫,下笨功夫。多到实践中去探索。"在科学研究的路上,坚持下笨功夫,坚持到实践中去调查研究,坚持占有大量的资料,坚持反复进行科学实验。因此,形成了符合大庆油田地下客观规律的理论。

当时,在油田开发理论上有一种"均衡"开采论。这一理论的前提是,假设水在地下的油层中均衡地向前推进,因此可以通过成排的注水井向地下注水,把油驱到成排的油井中开采出来。但是,在实践中,注到地下的水的情况完全不是这样。这些水,在不同的油层中有的突进,有的很缓慢,使有的油井见水,且上升很快,一时间使一些人觉得不知如何是好。

　　面对这一困难,王启民一头扎进了采油现场,去收集资料,进行分析研究,希望能够弄清楚为什么会出现这种状况。在一次重要的技术会上,王启民根据自己大量的调查研究,明确地提出了不同的看法:大庆油田地下油层厚薄不匀,渗透率差别很大,甚至在同一油层之内,非均质现象也十分严重。因此,在油田开采的过程中,厚度大的好油层见水快,薄差油层见水慢;好油层中渗透率高的部位见水快,低的部位见水慢。注到地下的水在各油层中呈不均匀性运动,这是地下的客观规律。因此,在开发上决不能齐头并进,而应该实行整体上的分阶段接替开发。这一观点受到了油田领导的重视。

　　"没有什么捷径可走,只有到实践中去探索。"王启民于是带领他的试验组直接住到了中区西部试验区。一口井一口井地搜集资料,进行分析,研究它们之间的相互关系,最终画出了地下油层的连通图。一旦有哪一口井产量下滑,他们就立刻去分析原因,重新设计开发方案,再度进行试验。就这样,一年又一年,他们随着日出日落,平淡而辛苦地工作着。不是在这里组织试验,就是在那里组织试验。

　　说起王启民永不疲倦的工作精神,凡是与他有过接触的人,无不钦佩。有人形容他:"为了石油事业,几十年来,他像一支燃烧着的科学火炬,把熠熠的光芒和炽烈的热全部都奉献给了大庆油田。"1960年,他从北京石油学院到大庆油田实习,起初没有房子住,王启民就和职工住在井上的锅炉房里。这样一住就是五六个月。锅炉房非常的潮湿,每天早上醒来,身下的垫子都是湿漉漉的。艰苦的环境,使他患了风湿病。后来,风湿病越来越严重,甚至最严重时,躺下坐不起来,坐下站不起来。但是他一直以坚强的毅力与病魔作斗争,从来没有被击倒过。

工作几十年以来,他办公室的灯光,几乎每天亮到深夜。没有人能记得清他到底加了多少夜班,放弃了多少个节假日。据说工作期间,他只回家一次,而且只待了4天,还是利用在南方的一个会议期间回去的。

后来,王启民当了"官",但是他没有丝毫"官"的样子,依旧是一门心思扑在工作上,什么条件都不讲。有一次去调查油井的套管损害情况时,为了方便,他住在一个又潮又暗的小旅馆里。与他同行的有两名年轻的同志,有一位抱怨条件太差,王启民则说:"比会战时的条件好多了。"王启民不为名、不为利,工作作风十分严谨。跟他一起工作多年的高级工程师宋勇曾经这样评价他:"王启民如果为了出名,可发表更多的论文,可以出很多本书,可以获很多的奖。可是,他为油田的开发,默默地工作,不图任何回报。"

王启民是"石油之子",他把自己的一切都融进了松辽大地,实现了自己平凡而伟大的诺言,"生命的价值不在于你拥有了多少,而在于你奉献了多少"。

【感悟】 "铁人精神"是一股力量,融入了对事业的执着追求、对祖国的深切热爱;"铁人精神"是一面旗帜,凝聚着艰苦奋斗、甘于奉献的朴素情感;"铁人精神"是一个标志,象征着奋斗不止、创造未来的民族气概。

神奇的天路

"汽笛一声响,火车进西藏"。随着青藏铁路建成通车,西藏这个占全国总面积八分之一的雪域高原结束了没有铁路的历史。这条世界上最长的高原铁路由西宁至格尔木和格尔木至拉萨这两段组成,全长1956公里。2005年10月15日,青藏铁路最后一排钢轨稳稳地安放在拉萨河畔,标志着这条雪域长龙实现全线贯通。它需要穿越戈壁荒漠、沼泽湿地和雪山草原,途经中国最大的"无人区"——可可西里。这条铁路的建筑难度可想而知,格尔木至拉萨段铁路全部在海拔3000米以上,其中海拔高度4000米的地段有965公里。当年国家领导人在青藏铁路开工典礼上曾经感慨："修建青藏铁路这条世界上海拔最高和线路最长的高原铁路，是人类铁路建设史上前所未有的伟大壮举。"

为了修筑这条"离天最近的铁路"，铁路工人们需要克服许多难以想象的困难。首先是青藏高原特殊的气候条件恶劣，一半以上的区域被视为不适合人居住的"生命禁区"。这里一年四季高寒缺氧，气候却复杂多变，年平均气温在0摄氏度以下，最低气温可以到达零下45摄氏度。每年有115天到160天刮六级以上大风，最大积雪厚度超过40毫米。更为重要的是空气含氧量只有内地的50%—60%，缺氧带来的高原反应严重威胁着施工工人的生命健康，同时也影响着大型施工机械的运行效能。面对如此严峻考验，广大铁路建设者们以"艰苦不怕吃苦，缺氧不缺精神，风暴强意志更强，海拔高要求更高"的英雄气概，克服极端的困难，在这个世界的"第三极"上创造出铁路建设史上的奇迹。

其次是绵延数百公里的冻土。青藏铁路是世界上穿越冻土区里程最长的高原铁路，铁路穿越多年连续冻土区的里程达550公里。冻土，是一种非常特殊的土类。它里面含有水，在冻结状态下体积膨胀，而到了夏季，温度上升，冻土融化体积就会缩小。在两种现象的反复作用下，道路或房屋的基底就会出现破裂或者塌陷。最终可能导致工程结构变形，使铁路线路失去平顺性，从而影响列车的正常行驶。在冻土上修铁路，其难度可想而知。

早在20世纪50年代初，国家提出要修建青藏铁路的计划时，铁路科研部门就组织科技力量在青藏高原冻土区开展科研攻关，经过40余年的试验和研究，积累了大量冻土观测数据，取得了许多宝贵成果。青藏铁路格拉段开工后，铁道部更加重视冻土的问题，安排了上亿元科研经费用于冻土研究，并组织多家科研院校的专家，对青藏铁路五大冻土工程实验段展开科研攻关，借鉴俄罗斯、加拿大和北欧等国的冻土研究成果，采取以桥代路、片石通风路基、碎石和片石护坡、热棒、保温板、综合防排水体系等措施成功突破了冻土难题，也标志着我国冻土工程实践已处于世界领先水平。

长征精神的传承

最后是对于当地环境的保护。青藏铁路需要穿越可可西里、三江源、羌塘等国家级自然保护区,这里的生态系统十分的脆弱。为了保护高原湛蓝的天空、清澈的湖水和珍稀的野生动物,青藏铁路从设计、施工建设到运营维护,始终秉持"环保先行"理念。为保护野生动物,铁路沿线一共修建了25处野生动物迁徙通道。为了保护植物,铁路线路遵循"能绕避就绕避"的原则进行规划。施工相关的场地、通道、砂石料场都经过反复踏勘,尽量避免破坏植被。对植被难以生长的地段,采用逐段移植的方法;而自然条件稍好的地段,则进行人工培植草皮。

可以说,没有铁路工人对于青藏高原无比的热爱和一丝不苟的工作作风,这条人间天路是不可能顺利通车的。青藏铁路推动西藏进入铁路时代,密切了西藏与祖国内地的时空联系,拉动了青藏带的经济发展,是藏族人民的幸福发展之路。

【感悟】青藏铁路被誉为"天路",是世界上海拔最高的高原铁路。"天路"上的每一条钢轨,每一根枕木,每一座桥梁,每一条隧道,都是劳动人民汗水的结晶。我们的人民是勤劳的、实干的。我们脚踏实地,戮力前行,实干再实干,终让"天路"铺到了人间。

小贴士

慧者心辨而不繁说,多力而不伐功,此以名誉扬天下。
——《墨子·修身》

凡事都要脚踏实地去作,不弛于空想,不骛于虚声,而惟以求真的态度作踏实的工夫。以此态度求学,则真理可明,以此态度作事,则功业可就。
——李大钊《史学要论》

创业要实篇

总书记寄语

　　在中国特色社会主义道路上实现中华民族伟大复兴,是无比壮丽的崇高事业,需要一代又一代中国共产党人带领人民接续奋斗。今天,历史的接力棒传到了我们手里。历史和人民既赋予我们重任,也检验我们的行动。崇高信仰始终是我们党的强大精神支柱,人民群众始终是我们党的坚实执政基础。只要我们永不动摇信仰、永不脱离群众,我们就能无往而不胜。我们十八届中央委员会一定要不负重托,忠于党、忠于祖国、忠于人民,以自己的最大智慧、力量、心血,做出无愧于历史、无愧于时代、无愧于人民的业绩。

　　——2012年11月15日,习近平在党的十八届一中全会上的讲话

　　要把"三严三实"要求贯穿改革全过程,引导广大党员、干部特别是领导干部大力弘扬实事求是、求真务实精神,理解改革要实,谋划改革要实,落实改革也要实,既当改革的促进派,又当改革的实干家。

　　——2015年7月1日,习近平主持召开中央全面深化改革领导小组第十四次会议时的讲话

思想解读

在"三实"当中,"谋事要实"是领导干部开展工作的前提,"创业要实"是领导干部开展工作的重心,"做人要实"是领导干部开展工作的作风底线。"创业要实"是"严以修身、严以用权、严以律己"在工作中的集中体现。

进入新世纪,我们党领导人民走中国特色社会主义道路取得了巨大成就,2010年我国GDP总值超过日本跃居世界第二,综合国力不断提升,国际地位不断提高,人民生活水平也得到切实改善,这是我党几代领导集体真抓实干的实绩。党的十八大提出"在中国共产党成立一百年时全面建成小康社会,在新中国成立一百年时建成富强民主文明和谐的社会主义现代化国家"宏伟目标,既是"四个自信"的表现,又是对全党的鞭策和激励。习近平总书记指出:"现在,我们比历史上任何时期都更接近实现中华民族伟大复兴的目标,比历史上任何时期都更有信心、更有能力实现这个目标。"

当前,我们既面临着重要发展机遇,也面临着前所未有的困难和挑战。困难和挑战是多方面的,国际上,随着中国作为新兴大国的和平崛起,某些守成大国视中国为威胁而加大遏制力度,给中国制造麻烦;全球化的过程使得中国经济很难避免外部经济危机的冲击。国内存在体制机制弊端、利益固化樊篱;经济增长与资源枯竭的尖锐矛盾;社会收入分配过于悬殊;民生状况难以满足人民群众需求;西方意识形态的渗透;民族分裂主义的挑战,等等。

我们党也存在着精神懈怠危险、能力不足危险、脱离群众危险、消极腐败危险"四大风险",面临长期执政的考验、改革开放的考验、市场经济的考验、外部环境的考验"四大考验",这一切都要求党员领导干部励精图治,迎难而上,真抓实干。正如习近平总书记指出的"实现中华民族伟大复兴是一项光荣而艰巨的事业,需要一代又一代中国人共同为之努力。空谈误国,实干兴邦。我们这一代共产党人一定要承前启后、继往开来,把我们的党建设好,团结全体中华儿女把我们国家建设好,把我们民族发展好,继续朝着中华民族伟大复兴的目标奋勇前进",这是"创业要实"提出的大背景。

一、创业要实,就是要脚踏实地、真抓实干

邓小平同志在改革之初曾告诫全党,世界上的事情都是干出来的,不干,半点马克思主义都没有。中国特色社会主义道路是干出来的,不是天上掉下来的,不是头脑里想出来的,也不是等出来的。党员领导干部的职责是"为党分忧、为国干事、为民谋利",脱离实干,这些职责一样也实现不了。

脚踏实地、真抓实干,首先要反对"为官不为"。"为官不为"的原因有许多,但表现都一样:不干事、不作为。这些干部对工作躲、推、等、靠,无所用心,改革发展全无举措,"饱食终日,无所作为"。民间评价干部往往用干事作为一个重要指标,痛恨"为官不为",不干事的领导干部在民间的口碑甚至不如有贪腐行为但能干的领导干部。

脚踏实地、真抓实干,其次要反对形式主义。形式主义者不是不干事,而是不干实事,只干虚事。这些领导干部喜欢虚张声势,重视宣传,不重实效;重视造势,不重成效;只讲究形式,忽视内容。他们往往热衷于文山会海、检查评比;下基层"蜻蜓点水""走马看花";摆花架子、做形象工程,只做几个点,供参观考察、检查评比之用;只干面子上的事,不容易被人看到的事不干。

脚踏实地、真抓实干,再次要反对空谈。历史上有"纸上谈兵"的典故,赵括言过其实,最终落得兵败人亡,还让赵国走向衰落。像赵括一样的领导干部不能脚踏实地,往往好高骛远,喜欢吹牛说大话,实际工作做不到,带来危害不小。另一类空谈者类似魏晋以来的所谓名士清流,自己不干实事,但喜欢对干事的人评头论足当裁判,干好了他说"早该如此",干错了他说"意料之中",败坏实干创业的环境和氛围。

脚踏实地、真抓实干,第四要反对欺上瞒下、弄虚作假。欺上瞒下、弄虚作假是官场顽症痼疾之一。有些领导干部,工作不踏实,又想出政绩,投机取巧,搞欺上瞒下、弄虚作假的歪门邪道,如统计数据造假,迎接上级检查评比造假,乃至个人履历、年龄、学历都能造假。欺上瞒下,弄虚作假的危害极大,既违背党的实事求是思想路线,还在党内形成逆向选择,造成老实人吃亏的用人不公现象,败坏党风政风乃至社会风气。这种习气是脚踏实地、真抓实干的对立面,必须严厉反对和惩戒。

脚踏实地、真抓实干,最后还要一干到底,锲而不舍。毛泽东同志要求共产党员一定要有"认真实干"的精神,强调"一件事不做则已,做则必做到底,做到最后胜利","什么东西只有抓得很紧,毫不放松,才能抓住。抓而不紧,等于不抓"。现在不少领导干部在任期内一个项目没做完,就又去做另一个项目,狗熊掰棒子,干了不少事,但没有一件干好的。此外,前后任领导干部之间协调也很重要,前任市长开发东城,后任市长开发西城的现象表明,部分领导干部把个人政绩看得比党和人民利益还重。真抓实干必须避免这种现象。

1990年3月,习近平同志在《摆脱贫困》一文中指出:"我们需要的是立足于实际又胸怀长远目标的实干,而不需要不甘寂寞、好高骛远的空想;我们需要的是一步一个脚印的实干精神,而不需要新官上任只烧三把火希图侥幸成功的投机心理;我们需要的是锲而不舍的韧劲,而不需要'三天打鱼,两天晒网'的散漫。"这是对"脚踏实地、真抓实干"的最好注解。

二、创业要实,敢于担当责任,勇于直面矛盾,善于解决问题

当下我国改革已经进入攻坚期和深水区,一方面我国采取渐进式改革模式,先易后难是改革创业的顺序。随着三十多年的改革实践,目前全面深化改革的目标往往是难啃的硬骨头,牵一发而动全身;另一方面,全面深化改革也涉及重大利益关系的调整,在三十多年改革过程中形成的一些既得利益面临再调整,从而激发矛盾,困难很多。在这个历史阶

段,真抓实干的创业必然要面对各种矛盾,必然要承担多种责任,领导干部创业要实,必须要有大无畏的精神,勇于直面矛盾,敢于担当责任。

习近平总书记指出:"是否具有担当精神,是否能够忠诚履责、尽心尽责、勇于担责,是检验每一个领导干部身上是否真正体现了共产党人先进性和纯洁性的重要方面。"

建国初期,美国把战火烧到了鸭绿江边,毛主席从战略高度力排众议决定出兵朝鲜,保家卫国,但在选帅问题上出现难题。彭德怀同志从接到参加中央会议后经过一晚上思考就接受主席的意见,担当了志愿军总司令,上战场和强大的美军进行生死较量。这就是老一辈无产阶级革命家的敢于担当精神。改革开放初期,山东省寿光县委原书记王伯祥在任期间,从当地实际情况出发,发展蔬菜产业和市场。当时,计划经济坚冰未破,许多人对搞市场经济存在担忧和质疑,王伯祥说:"百姓最重要!如果真有什么责任,由我一人承担。"顶着压力,王伯祥带领寿光县干部群众实干创业,把一个有名的穷县打造成了全国百强县。这展现着新时期共产党人的勇于担当精神。

对于党员领导干部来说,责任担当是不允许选择的。既然入了党、担任了一定的职务,向党和人民作出了庄严的承诺,就应肩负起相应的责任,"为官避事平生耻"。领导干部不敢担当,抱着"事不关己、高高挂起""不求有功、但求无过"的心态,为了不担或少担责任而"避事",何来创业?结果必然是错失良机、延误发展,辜负党和人民的信任与期待。

目前,在一些领导干部中存在不敢批评、不愿批评,不敢负责、不愿负责的好人主义倾向:有的怕得罪人,怕丢选票,搞无原则的一团和气,信奉多栽花、少栽刺的庸俗哲学,各人自扫门前雪、不管他人瓦上霜,事不关己、高高挂起,满足于做得过且过的太平官;有的在其位、不谋其政,遇到矛盾绕着走,遇到群众诉求躲着行,推诿扯皮、敷衍塞责,致使小事拖大、大事拖炸;有的为人圆滑世故,处事精明透顶,工作拈轻怕重,岗位挑肥拣瘦,遇事明哲保身,面对名利又争又抢,出了问题上推下卸。这些反面现象的存在不仅助长了官场上的歪风邪气,而且破坏领导干部做事

创业的大环境。

习总书记明确指出,党的领导干部敢于担当,就是坚持原则、认真负责,面对大是大非敢于亮剑,面对矛盾敢于迎难而上,面对危机敢于挺身而出,面对失误敢于承担责任,面对歪风邪气敢于坚决斗争。这是对敢于担当责任内涵的全面论述。

创业要实,内在要求党员领导干部必须勇于直面矛盾。全面深化改革时期,每项改革事业的发展都会面临各种矛盾。勇于直面矛盾,迎难而上是成就事业的前提。一味回避矛盾和问题,使得矛盾和问题久拖不决就会造成积重难返。虽然可以求得一时太平,但会使得后面的工作和事业更加困难,长期不太平。

勇于直面矛盾,需要领导干部有敢于碰硬的精神。敢于碰硬的精神又来自于一身正气。"打铁还需自身硬",正气来自公心,正气来自"三严"。中纪委开展的反腐工作,面对的矛盾错综复杂,许多"大老虎"曾经位高权重。本着对党和人民的利益负责,依照党中央部署,在人民的支持下,中纪委同志们敢于直面矛盾,用党纪国法处理腐败分子,取得反腐斗争的一个个成果,有效抑制腐败现象蔓延恶化,极大地提升了人民对党和政府的信任,为端正党风作出极大贡献。"打虎精神"就是敢于碰硬的精神。创业要实,就要发扬"打虎精神",勇于直面大矛盾、大困难。

善于解决问题是领导干部创业要实的关键。敢于担当责任,勇于直面矛盾是创业要实的基础,而善于解决问题是创业要实的关键。2014年7月12日,上海市在全国率先拉开司法改革试点大幕。改革审判权力运行机制,落实"审理者裁判、裁判者负责"是本次上海司法改革的重要内容,这是对既得利益的挑战,法院内部的行政体系干涉案件审理的权力受到冲击,邹碧华同志是上海法院司法改革方案的主要起草者之一,他通过认真调查研究,用大量事实数据定量分析法院行政化的程度,为改革方案推行做好论证。为了提升法官素质、提高办案质量,上海司法改革试点方案提出要建立法官员额制,即法官占队伍编制总数的比例限定为33%,这样又涉及法院内部法官遴选方案,又涉及相关方利益。

邹碧华同志面对矛盾不回避,声称改革怎么可能不触及利益,怎么可能没有争议?对上,该争取时要争取;对下,必须要有担当,无论如何,都不能让那些在一线辛苦办案的老实人和年轻人吃亏。"论资排辈"是传统管理中"息事宁人"之法,推行的阻力也会相对较小,但邹碧华同志始终坚持严格标准、择优入取、宁缺毋滥的改革方向,主动承担压力。为此,邹碧华在全国法院系统首创案件权重系数理论,设计多项审判管理评估指标,为进一步健全科学评估体系突破瓶颈。可以看出,邹碧华同志敢于担当上海司法体系深化改革重任,勇于直面改革中各种矛盾,并善于运用自身能力解决问题。习总书记在批示中赞扬道:邹碧华同志是新时期公正为民的好法官、敢于担当的好干部。他崇法尚德,践行党的宗旨、捍卫公平正义,特别是在司法改革中,敢啃硬骨头,甘当"燃灯者",生动诠释了一名共产党员对党和人民事业的忠诚。

善于解决问题,党政干部需要自觉加强学习,拓展视野,不断积蓄力量,做到厚积薄发;注重实践培养,积累解决问题的经验,从做好手头工作开始,把完成好每一项任务当作提升能力的阶梯和展示本领的平台,锤炼自己的问题导向,养成勤于思考分析矛盾和问题的习惯,提高解决复杂问题的能力。

三、创业要实,努力创造经得起实践、人民、历史检验的实绩

创业要实,首先要创造实绩。实绩就是实实在在的政绩、实实在在的工作效果。"黑猫白猫,抓到老鼠就是好猫",领导干部创业要实,最终目的是创造出实绩。无论怎样脚踏实地、真抓实干,无论怎样敢于担当责任、勇于直面矛盾、善于解决问题,最终要看实际业绩。

创造实绩,就要求领导干部工作有实招。实招就是能够解决创业过程遇到问题的具体措施和办法。全面深化改革的事业是与时俱进的事业,需要领导干部在工作上不断开拓创新,老套路老招式很难解决新问题开创新事业。

创造实绩,要把实效作为创业工作的出发点和落脚点。出发点,就

是一开始就要从效果出发,倒推工作过程、环节、措施等,最后所有努力都要指向效果、落脚在效果上。不求效果,不见效果,是最大的工作过失。

首先,检验领导干部创造实绩的标准是实践。马克思主义哲学认为,检验和判断事物对于社会生产力所产生的影响是积极的还是消极的,不能用任何逻辑推理或理性思维的方法来完成,只能用实践的方法去检验。许多政绩工程短期看是实绩,放到实践中检验,往往成为劳民伤财工程,甚至严重影响地方发展。原山西原省委常委、太原市委书记申维辰主政期间,执意将原本规划为绿地、公园的龙潭片区建为"新地标"、城市综合体。由于占用本为市民公用的公园绿地建设豪宅,加之强拆、补偿不到位等一系列问题,申维辰主持的该工程引发群众强烈不满。目前,龙潭片区改造工程仍在"烂尾"中,至今仍有市民不停地投诉上访。实践标准要求领导干部创造实绩必须要从实际出发,贯彻实事求是的思想路线,科学决策,不能主观任性。

其次,检验领导干部创造实绩的标准是人民。党的群众路线是"一切为了群众,一切依靠群众,从群众中来,到群众中去"。领导干部创业的最终目的是为人民谋利。人民对领导干部实绩的评价往往是比较客观实际的。北宋元祐五年(1090年)苏东坡任杭州刺史时,曾疏浚西湖,并利用挖出的淤泥和葑草堆筑起一条南北走向的堤岸,杭州人民为纪念苏东坡治理西湖的功绩,把它命名为"苏堤"。苏堤就是人民对苏东坡治理西湖实绩的肯定。人民标准就要求领导干部创造实绩必须心系群众,贯彻群众路线,为民谋利。

最后,检验领导干部创造实绩的标准是历史。历史唯物主义认为历史发展有内在规律,顺应历史发展趋势,引领潮头的是杰出人物。四川都江堰,是蜀郡太守李冰父子在前人鳖灵开凿的基础上组织修建的大型水利工程,几千年灌溉西川大地,经历了历史检验。后人"眷言秦太守,一步一低回"就是对李冰父子的千年铭记。历史标准就要求领导干部创造实绩必须具有长远眼光,顺应历史潮流,能够功在当代、利在千秋。

用实践、人民和历史的标准来检验领导干部的创业实绩,实质还是要求领导干部树立正确的政绩观。各级领导干部要把工作的出发点放到为党尽责、为民造福上,而不是树立自身形象、为自己升迁铺路;把落脚点放到办实事、求实效上,而不是追求表面政绩,搞华而不实、劳民伤财的"形象工程";把重点放到立足现实、着眼长远、打好基础上,而不是盲目攀比、竭泽而渔。共产党人的政绩,说到底就是实现最广大人民的根本利益。所以不仅要干当下得人心、暖人心、稳人心的好事实事,解决群众最关心、最迫切需要解决的问题,还要利长远,注重以人为本,全面协调可持续发展。

据公开报道资料,习总书记曾多次点名称赞的县委书记有三位:焦裕禄——不求"官"有多大,但求无愧于民;谷文昌——在老百姓心中树起了一座不朽丰碑;王伯祥——新时期县委书记的榜样。这三位模范干部的共性是脚踏实地、真抓实干,敢于担当责任,勇于直面矛盾,善于解决问题,创造出经得起实践、人民、历史检验的实绩。创业要实,各级领导干部需要切实学习这三位楷模。

2013年3月9日上午,习近平总书记来到西藏代表团参加审议。习近平希望西藏各族干部群众大力弘扬"老西藏精神",发愤图强,乘势而上,坚定不移地走有中国特色、西藏特点的发展路子,坚持不懈保障和改善民生,坚定不移巩固和发展民族团结,积极构建维护稳定的长效机制,加快推进西藏跨越式发展和长治久安,确保到2020年同全国一道实现全面建成小康社会宏伟目标。2015年8月习近平总书记在中央第六次西藏工作座谈会上强调,依法治藏、富民兴藏、长期建藏、凝聚人心、夯实基础,是党的十八大以后党中央提出的西藏工作重要原则。依法治藏,就是要维护宪法法律权威,坚持法律面前人人平等。富民兴藏,就是要把增进各族群众福祉作为兴藏的基本出发点和落脚点,紧紧围绕民族团结和民生改善推动经济发展、促进社会全面进步,让各族群众更好共享改革发展成果。长期建藏,就是要坚持慎重稳进方针,一切工作从长计议,一切措施具有可持续性。凝聚人心,就是要把物质力量和精神力量结合起来,把人心和力量凝聚到实现"两个一百年"奋斗目标、实现中华民族伟大复兴的中国梦上来。夯实基础,就是要标本兼治、重在治本,多做打基础、利长远的工作,把基层组织搞强,把基础工作做实。总书记关于西藏的重要讲话激励西藏各族党员领导干部抓住机遇,奋发创业,切实推动西藏各项事业进步。

"干在实处永无止境,走在前列要谋新篇。"中华民族的伟大复兴之路是新的长征之路,取得的成就已经是过去,前面是"雄关漫道真如铁"。各级领导干部要深入贯彻党的十八大和十八届三中、四中全会精神,协调推进"四个全面"进程,"而今迈步从头越",切实解决改革发展中的突出矛盾和问题,努力创造经得起实践、人民、历史检验的实绩。

在西藏自治区成立50周年庆祝大会上的讲话

俞正声

(2015年9月8日)

同志们,朋友们:

在这欢乐祥和的美好日子里,我们中央代表团带着以习近平同志为总书记的党中央的亲切关怀,带着全国各族人民的深情厚谊来到拉萨,同西藏各族人民一道,隆重庆祝西藏自治区成立50周年。首先,我代表中共中央、全国人大常委会、国务院、全国政协、中央军委,向西藏各族干部群众、各界人士,向人民解放军驻藏部队指战员、武警西藏部队官兵和政法干警,表示热烈的祝贺和亲切的慰问!向所有为西藏自治区改革发展稳定作出贡献的同志们、朋友们,致以崇高的敬意!向所有关心西藏、热爱西藏、支持西藏发展进步的港澳同胞、台湾同胞、海外侨胞和国际友人,表示衷心的感谢!

1965年9月1日,西藏自治区第一届人民代表大会在拉萨胜利召开，宣告西藏自治区正式成立，这是以毛泽东同志为核心的党的第一代中央领导集体作出的英明决策。西藏自治区成立，巩固了西藏和平解放和民主改革的伟大成果，实现了西藏社会制度的巨大跨越，为西藏经济社会发展进步提供了坚实保障，西藏各族人民从此与全国人民一道走上了社会主义的康庄大道。

50年来，西藏各族人民意气风发、团结奋进，用勤劳与智慧创造了一个又一个奇迹，取得了举世瞩目的成就，雪域高原发生了翻天覆地的巨大变化。西藏社会生产力得到极大解放和发展，地区生产总值增长了68倍，地方财政收入增长564倍。基础设施建设日新月异，青藏铁路修到了日喀则，边远的阿里通了民航，青藏、川藏电力联网工程为西藏架起了电力"天路"。各项社会事业全面进步，医疗卫生教育事业突飞猛进，人民生活水平大幅提升，西藏优秀传统文化得到保护和弘扬，城乡面貌发生显著变化，生态环境保持良好。民族团结不断巩固，民族区域自治制度进一步完善，少数民族干部茁壮成长，平等团结互助和谐的社会主义民族关系日益深化，群众的宗教信仰自由得到了充分尊重和保护。各族人民坚定不移地进行反分裂斗争，不断挫败达赖集团和国际敌对势力的分裂破坏活动，西藏进入持续稳定的新阶段。

50年来，中国共产党领导西藏各族人民把贫穷落后的旧西藏，改造发展为生机勃勃的社会主义新西藏，在中华民族自强不息的历史画卷上写下了浓墨重彩的一笔。这些辉煌成就的取得，是以毛泽东、邓小平、江泽民同志为核心的党的三代中央领导集体和以胡锦涛同志为总书记的党中央高瞻远瞩、英明决策的结果，是党的十八大以来以习近平同志为总书记的党中央继往开来、正确领导的结果，是西藏各族干部群众团结一心、艰苦奋斗的结果，是全国各族人民大力支援、真诚帮助的结果。这些辉煌成就的取得，充分展示了我国社会主义制度的巨大优越性，彰显了民族区域自治制度的强大生命力。此时此刻，我们深切缅怀为西藏发展进步、为祖国边疆巩固贡献了智慧、心血乃至生命的先烈和英雄们，他们的丰功伟绩和崇高风范将永垂不朽！

同志们、朋友们!

我国正处在全面建成小康社会、全面深化改革、全面依法治国、全面从严治党的重要时期,西藏也进入了全力推进全面建成小康社会和长治久安进程的关键阶段。西藏是重要的国家安全屏障、重要的生态安全屏障、重要的战略资源储备基地、重要的中华民族特色文化保护地和面向南亚开放的重要通道。治国必治边,治边先稳藏。维护西藏和谐稳定、实现西藏繁荣进步,是西藏各族干部群众的热切期盼,也是全党全国各族人民的共同心愿。

前不久,中央召开了第六次西藏工作座谈会,全面规划了西藏未来发展的宏伟蓝图,充分体现了以习近平同志为总书记的党中央对西藏工作的高度重视和特殊关怀,成为党的西藏工作历史上又一个重要的里程碑。中央殷切希望西藏各族干部群众学习领会好、贯彻落实好会议精神,坚持"四个全面"战略布局,坚持党的治藏方略,把维护祖国统一、加强民族团结作为工作的着眼点和着力点,坚持依法治藏、富民兴藏、长期建藏、凝聚人心、夯实基础,确保国家安全和长治久安,确保经济社会持续健康发展,确保各族人民物质文化生活水平不断提高,确保生态环境良好,共同建设更加美好的新西藏,创造更加幸福的新生活。

第一,要切实加强民族团结。维护祖国统一、加强民族团结是西藏各族人民的根本利益所在。要把维护民族团结作为生命线,全面贯彻党的民族政策,促进各民族交往交流交融,大力弘扬社会主义核心价值观,不断巩固和发展中华民族共同体意识,增强各族群众对伟大祖国、中华民族、中华文化、中国共产党、中国特色社会主义的认同。要建立最广泛的爱国统一战线,最大限度地团结一切可以团结的力量,不断夯实共同思想基础,把人心和力量凝聚到全面建成小康社会宏伟目标上来,凝聚到坚持和发展中国特色社会主义伟大事业上来。

第二,要始终坚持依法治藏。依法治藏是西藏实现长治久安的根本保障。要全面贯彻依法治国方略,大力弘扬法治精神,维护宪法和法律权威,结合实际制定完善地方性法规,形成更加完善的法规体系。要依法行政、依法管理、依法办事,坚持法律面前人人平等,保障人民群众合法权利和利益,大力开展普法宣传和教育,营造全民尊法学法守法用法的良好氛围。要依法管理宗教事务,运用法治思维和法治方式解决矛盾和问题,维护藏传佛教的正常秩序。要依法深入开展反分裂斗争,打击各类分裂破坏活动,坚决维护祖国统一和西藏稳定。

第三,要积极推进经济发展。同全国其他地区一样,西藏已经进入全面建成小康社会的决定性阶段。中央将继续实施和完善对西藏的特殊政策,继续做好对口援藏工作,动员全社会的力量支持西藏发展。西藏有着特殊的区情和优势,要坚持从实际出发,大力推动经济社会发展,突出民生导向,逐步缩小地区差距,切实加快全面建成小康社会步伐。要适应经济发展新常态的要求,进一步深化改革,激发市场活力,提高自我发展能力。要着力加强基础设施建设,大力发展高原特色优势产业,积极稳妥推进城镇建设,不断提高经济发展质量和效益。要坚持"生态保护第一"的原则,确保生态环境良好,为子孙后代留下碧水蓝天。

第四,要着力保障改善民生。改善民生、凝聚人心是西藏经济社会发展的出发点和落脚点。要坚持就业第一、教育优先,以市场为导向促进就业,以就业为导向发展教育。要以农牧区为重点大力发展医疗卫生事业,继续推进城乡危旧房改造,加快社会保险体系和社会救助体系建设,建立精准扶贫工作机制。要继承和弘扬西藏优秀传统文化,在保护中传承、在创新中发展。通过我们共同努力,使西藏各族人民得到更高的收入,更好的教育、医疗、居住条件和社会保障,同全国人民一道共享改革发展成果。

广大党员干部是党的政策的执行者和各族人民的公仆,驻藏人民解放军指战员、武警部队官兵和政法干警是戍边卫国、维护西藏稳定和捍卫各族人民根本利益的忠诚卫士。要深入开展"三严三实"专题教育,深入贯彻执行党的群众路线,大力弘扬"老西藏精神"和"两路精神",时刻心系群众,把人民的利益放在首位,不辱使命,履职尽责,为西藏经济社会发展和长治久安再立新功。

同志们、朋友们！

我们的国家生机勃勃、欣欣向荣，西藏的未来前程似锦、充满希望。让我们更加紧密地团结在以习近平同志为总书记的党中央周围，高举中国特色社会主义伟大旗帜，以邓小平理论、"三个代表"重要思想、科学发展观为指导，齐心协力、开拓进取，为实现全面建成小康社会宏伟目标，谱写中华民族伟大复兴中国梦的西藏篇章而努力奋斗！

祝伟大祖国繁荣富强！

祝西藏各族人民幸福安康！

扎西德勒！

再饿也不能乱动藏民的粮食

1935年8月，中央红军一个营抵达毛儿盖，上级决定在这里休息几天，筹备粮食。这里是藏族同胞聚居的地方。在红军到达之前，藏族同胞受国民党反动派的欺骗宣传，到村外躲了起来。红军筹备粮食前必须进行详细的调查工作，弄清谁是地主、土豪，可是没有老百姓，怎么调查呢？

面对空无一人的村寨，红军指战员没有住进现成的空民房，而是把被单撑起来当帐篷，睡在屋檐下、大树下。白天，他们把街道打扫得干干净净，然后就到山上去采蘑菇、挖野菜充饥。他们相信，只要严格执行党的民族政策，驻地的群众有一个人回来，就能够争取全村人回来。

第二天，红军战士在山上挖野菜时，发现了35头牛，估计是藏胞牧放的，战士们就把牛都牵回了村子，轮班割草喂养。三天过去了，还是没有一个人回村，同志们有些着急了。因为筹粮任务还没有完成，总不能在这个村子里久住吧。

班长老易对营长和教导员说:"到现在连个人影都没见,咱还等到几时?照这样等下去,人快饿死了。"

其实,营长和教导员更着急。这几天他们不断派人去找老乡,但都失望而归。可他们仍然坚持说:"粮食,地里是有,我们如果不讲纪律,伸手就可以拿到。可我们能那样做吗?那样我们就会失去藏民弟兄的信任,就等于帮助敌人破坏我们自己的形象。"

一天傍晚,九连来了一位藏族青年,他一声不吭,脸色阴沉,用不熟练的汉语说:"牛?牛?"营长和教导员明白后,拉着他的手,来到喂牛的地方。他一见35头牛喂得好好的,高兴地跑出村子。次日,毛儿盖骤然热闹起来。许多穿着鲜艳服装的藏族同胞端着糌粑,前来慰问红军指战员。经过调查,营部决定除七连就地征用地主土豪的粮食外,其他连队到附近去筹粮。八连的筹粮区在离毛儿盖六七十里的泸河对岸。藏民同胞听说红军要到泸河去筹粮,都自动要求带路。八连的指战员星夜赶到泸河,刚准备渡河时,却发现对岸有被敌人欺骗了的藏民阻止红军渡河。如果强渡,一定会有伤亡,请向导给他们解释红军的政策,河太宽又听不见。这时向导说上游有个渡河点,连长和指导员研究决定:连长带一半人和一个向导,留在原地吸引住对岸的藏胞;指导员带一半人和一个向导,绕到上游渡河,与对岸的藏胞取得联系。

从上游渡河,要绕过几十里路。留在原地的红军,旁边就是苞米地。等啊等,他们从上午10点等到太阳偏西,干粮早在昨晚行军路上吃光了,一整天没有吃到东西的战士们,看着鼻子尖下的嫩苞米,谁都在想,能有几穗苞米吃吃,那该多好啊!可是,大家牢牢记住营长和教导员的话,谁也没有动老乡的一粒苞米。傍晚,排长才和连长商议,决定摘些苞米叶子和辣椒叶子煮一煮充饥。

刚吃过"饭",一位老大娘便来到红军隐蔽的苞米地。原来刚才她是看到煮"饭"的烟火,担心地里的苞米特意来看看情况。她在田里转了几圈后,看见苞米安然无恙,便跑回家端来一盆煮熟了的苞米,一定要红军收下。连长吩咐司务长收下苞米,给大娘三块白洋。之后,他们又向大

娘询问对岸哪些田地是地主土豪的,大娘详细地说了起来。

入夜,红军部队迅速过了河,在地主土豪的田地里紧张地进行收割。没多久,筹粮的任务便完成了。

(来源:《中国纪检监察杂志》,2016年第17期。收录本文时有改动)

【感悟】当年,红军在藏区要完成筹粮任务只有依靠藏族人民,而获取藏族同胞信任的途径是红军严守纪律不损害他们的利益。今天,要在西藏全面建成小康社会,改善民生发展经济也离不开藏族同胞的积极参与和贡献。当今中国最基本的纪律是法律,依法治藏就是要求党员领导干部平等对待西藏各族劳动人民,切实维护他们的合法利益,团结他们一起创业。

聂荣臻成功创建晋察冀抗日根据地

1937年7月7日,卢沟桥事变爆发,全国抗战进入战略防御阶段。11月8日,太原失守,晋察冀地区陷于混乱状态,国民党在太原各县的政权机构已然瓦解,政府人员逃散一空,人民群众惶恐不安。其实,就在太原失守的前一天,党中央就已经决定成立晋察冀军区,任命聂荣臻为军区司令员兼政治委员,让他带领队伍创建晋察冀抗日根据地。

根据地的开创工作异常艰难,没有供给来源,兵力也过于单薄。军区成立时,正值深秋初冬季节,部队驻扎的五台山区已经开始飘雪,而我军很多指战员还赤脚穿着草鞋,更别提棉衣了。山区的运输和物资调配也同样令人头疼,此前,一批又一批败退的国民党部队牵走了大批的驮骡毛驴,当地的物资也被他们和日本侵略军洗劫一空。

聂荣臻深知党中央命他创建晋察冀抗日根据地的重大意义,晋察冀地区依托恒山、五台山,大部地处津浦、平绥、正太、同蒲四条铁路和北平、天津、太原、石家庄等大城市之间,是坚持华北抗战的重要战略区。可是,如何战胜困难,渡过难关,完成开创抗日根据地的任务呢?他犯了难,但没有退缩,而是努力地思考着这个问题。聂荣臻后来回忆,那个时候,他们住在五台山的庙宇里,尽管山峦上覆盖着厚厚的积雪,同志们手脚都冻裂了,但仍然热烈地讨论这个问题。晋察冀地区大山连绵,地形险峻,是创建根据地的有利条件,但在他看来,根据地能否成功创建,决定性因素并不在此,而在于人民群众。于是,他们制定了贯彻统一战线、减租减息、合理负担等政策,最广泛地团结群众,只要是赞同抗日、支持抗日,部队就团结他、欢迎他。

1938年初,晋察冀军区在筹备召开军政民代表大会时,曾对僧侣有没有资格参会产生过分歧,聂荣臻最后表态,僧侣也是中国人,他们出了家,但没有出国,在民族统一战线中,应该和各民族各阶层紧紧携手,不分彼此,共同抗日。僧侣们很受感动,相当一部分人参加了抗日,甚至加入了抗日部队。就这样,人民群众被充分发动起来了,不论部队走到哪里,都会受到人民群众的欢迎、拥护和支持。

有了坚实的群众基础,聂荣臻带领部队在五台山区创建了第一个敌后抗日根据地,随着抗日队伍的不断壮大,他们不仅在山地站住了脚,而且在平原地区也扎下了根,先后开辟了冀中、冀东、平西、平北等根据地,到1939年,晋察冀根据地发展到拥有72个县1 200多万人口、主力部队近10万人,后被党中央誉为"模范抗日根据地和统一战线的模范区"。毛泽东曾赞誉说:"五台山,前有鲁智深,今有聂荣臻,聂荣臻就是新的鲁智深。"

有人曾疑惑地问,日军盘踞在晋察冀军区周围的大城市和铁路干线,后来又占据了全部的县城和较大的村镇,还经常调集重兵"扫荡",而聂荣臻的部队远离后方,枪支弹药和物资都得不到任何接济,他们是怎么坚持住,而且还不断巩固和扩大的呢?聂荣臻回答:"这没什么可奇怪的,关键的一条,就是发动群众,把人民群众充分发动起来,我们就有了赖以生存的基础,这就是我们从小到大,从弱到强,不断发展巩固的'奥秘'所在。"

(来源:《中国档案报》,2013年12月30日。收录本文时有改动)

【感悟】 在敌后开辟抗日根据地是我党在抗日战争时期的创业,这种创业来不得半点虚假,建立不起根据地,部队就站不住脚,抗日的事业就要遭受损失。聂荣臻同志抓住要领:发动群众,脚踏实地,真抓实干,创造出"模范抗日根据地和统一战线的模范区"的实绩,值得今天我党各级领导干部思考与学习。

狮泉河未曾忘记
——追记陕西省第六批援藏干部张宇

在西藏阿里噶尔县老百姓心中,有一个名字就像窗外遍布戈壁的红柳和迎风起舞的紫花苜蓿,一直未曾忘记——张宇,陕西省第六批援藏干部、时任噶尔县县委书记。

2012年8月22日,因在高寒缺氧环境下长期高负荷工作,积劳成疾,张宇44岁的生命永远定格在了狮泉河畔他眷恋的这片土地。

2010年6月,素有西藏情结的张宇被选拔为陕西省第六批援藏干部,告别远在陕西宝鸡老家的父母妻儿,毅然踏上了世界屋脊的屋脊阿里。

初到噶尔县,张宇一边为巍峨的冈底斯山和仿佛触手可及的蓝天白云所震撼,一边也为荒无边际的戈壁和漫天肆虐的风沙忧虑。"老百姓真不容易,连戈壁滩上都有人放牧,看来还是得多种草,把牛羊圈养起来喂养,他们就不受这份苦了!"这是张宇最初也是最朴实的设想。为了能够尽快带领百姓脱贫致富,张宇到任不久就开始了艰苦的调研,两个月他跑了2万多公里,遍访全县各乡镇村组摸底调研。据噶尔县机要局局长边巴次仁回忆,"那时书记的日程总是安排得很满,周六周日早上六七点钟就要起床工作,有的时候凌晨两三点有急报,书记接到电话,马上就处理,每周至少三四天要讨论工作到深夜。"

"2011年噶尔县发生雪灾,书记立即放弃休假,与我们一起挨家挨户查看,零下20多摄氏度的天气,他身体不好,脸冻得煞白,回来输了3

天液才缓过来。"曾作为援藏县委副书记与张宇共事过两年、噶尔县现任县委书记程文杰说，"那年雪灾全县无一人因灾死亡。"

"在他最后十天里，还亲自安排、成功承办了西藏牧区人工种草现场会和阿里地区党建现场会。多次修改审定县委综合楼设计方案和生态产业园区规划，检查高效设施农业基地二期工程。"程文杰想起当时的情景，依然难掩悲伤，"书记去世那天早晨，我们本约定好审查县委综合楼图纸和生态产业园规划评审会的相关事宜，我跑过去看他的时候，手里还拿着图纸，谁知……"

张宇走得太急，关于噶尔县的未来他还有好多愿望都没有实现："要建设经济强县，既要发展城镇经济，也要发展牧区经济。""要用3年左右时间使人工种草（以紫花苜蓿为主）达到2万亩，并通过人工种草、奶牛养殖、牛羊短期育肥，把农牧民吸引到这个产业链上来，实现农牧民增收和促进高原生态环境的保护。""要把县上的商户、企业吸引过来，增加财政收入。""到2015年和2020年，噶尔县人均生产总值、财政收入、农牧民人均纯收入等主要经济指标，要分别迈入地区和自治区前列。"……如今，这些愿望已深植于噶尔县每个人的心中。

"以前村里摩托车不超过5辆，四轮车不超过4辆。现在家家户户摩托车、农用车、四轮都有一两辆。"提起现在的生活，噶尔县噶尔新村村民白马洛桑喜滋滋地说。

据程文杰介绍，围绕当年张宇书记提出的战略目标，目前，噶尔县投资1 280万元建设的旅游集散中心已竣工，其中，将建设"民俗一条街"来吸引本地善于经商的农牧民入驻，还将建设星空主题公园，填补西藏没有星空文化元素广场的空白；狮泉河生态工业产业园区已有3家企业投入运营；投入500万元的高端冰川水项目也已开工建设；全县人工种草面积已达2.6万亩；投入3 031.5万元，占地430亩，集果蔬、花卉培育和科技培训于一体的农业产业园区也即将竣工……

漫步在今日的噶尔县，穿过一排排整齐的楼房，轻拂迎面的红柳，眺望冈底斯山下的紫色花海，你很难想象5年前这里戈壁荒滩飞沙走石的

景象,这里的每一点变化,都凝聚着张宇的奋斗和期盼,噶尔县的百姓不曾忘记,穿城而过亘古流淌的狮泉河也不曾忘记。

(来源:新华网,2014年9月1日。收录本文时有改动)

【感悟】张宇同志自2010年赴噶尔参加工作以来,自觉以孔繁森同志为榜样,视阿里为第二故乡,视噶尔人民为亲人,以"十二五"期间把噶尔县建设成"藏西中心城市、阿里经济强县、边境模范县"作为三大战略目标,勤勉工作、恪尽职守,做实事,短短两年间在促进噶尔经济发展、社会进步和局势稳定方面做了大量卓有成效的工作,赢得了广大干部群众的广泛赞誉和衷心拥护,是西藏各族党员领导干部创业要实的学习榜样。

永远活在人民心中的县委书记谷文昌

东山岛地处福建东南海域,与大陆的最近距离只不过五六百米,但水深浪高,给群众的生产生活带来很大困难。千百年来,舟覆人亡的惨剧时有发生。世世代代的海岛人,总想有一天奇迹出现,天上的玉皇或哪一路神仙修一条海堤,架一座彩桥,把东山与大陆相接,使孤岛变成半岛。几百年、几千年过去了,奇迹没有出现,人们面对滚滚怒涛,无不望而生畏,"精卫填海"只不过是千古神话。当时的东山,人力、财力都非常有限,修一条海堤谈何容易!

"把海岛变半岛"是人民群众的愿望。谷文昌说:"人民的需要就是我们的工作。我们要敢闯新路,勇往直前!"他反复听取群众和技术人员的意见,与县委、县政府的同志酝酿讨论,毅然拍板:修一条海堤!把海岛与大陆连接起来,将会促进海岛发展,扩大对外联系;方便群众,免除舟楫之苦;有利于加强战备,巩固国防;促进发展养殖,利用苦卤制造化工原料;围垦盐田,扩收渔盐之利;沿堤修筑渡槽,引大陆淡水入岛,解决人畜饮水、浇地用水……

谷文昌担任建堤领导小组组长,县长樊生林亲任指挥。经过勘察设计，海堤从东山县八尺门至云霄县。这一段海水最深处10.9米，全长569米，外延公路1000米。大堤高出水面5米，底宽110米，顶宽13米，防浪墙高6.25米。初步测算需投入普通工、船工、技工100万个工日，土、石、沙料近50万立方米，总投资200万元。真可谓工程浩大！福建省委、省政府，龙溪地委、专署批准了这一方案，由国家投资，福州军区、龙溪军分区全力支持。1960年初工程动工，县长樊生林吃住在工地，全力以赴，具体指挥。东山县民工是主力，龙海、云霄、诏安等县的民工、船工、技工，驻岛部队指战员、机关干部组成了浩浩荡荡的筑堤大军。谷文昌经常到工地检查指导，参加劳动。经过一年多的艰苦奋战，到1961年6月海堤竣工，天堑变通途，海岛变半岛的美梦终于成了现实。如今从东山开往四面八方的大小车辆，日夜在海堤上穿梭；高21米长4公里的雄伟渡槽，跨过海堤，把云霄县的淡水引入东山，造福人民。

谷文昌经常告诫自己，"世上没有永远不变的事物，必须不断前进。党要求什么，群众需要什么，我们就去做什么。"东山原来没有一条像样的公路，谷文昌就带领群众修路，到60年代中期实现了村村可以开进汽车、拖拉机。如今四通八达、纵横交错的公路网，就是在当年基础上建成的。

东山缺水，十年九旱。谷文昌带领全县人民大办水利，一眼眼水井、一处处塘坝、一座座水库、一条条管道逐步建立起来。全县最大的红旗水库干支渠长达13公里，直至目前不仅仍灌溉着6000多亩土地，而且以水库为水源建起了自来水厂，为城镇居民、码头、企业提供用水。1963年大旱，连续241天没有下雨，谷文昌和县委副书记陈维义等同志到群众中总结抗旱经验。"地面无水向地下进军！"打大井、深井、塘中套井……建永久性抗旱工程285处，临时工程892处，省政府调来抽水机支援，这一年仍然取得较好收成。

东山还是一个易涝的地方，特别是遇到海潮，"一次水淹，三年绝收"。谷文昌请水利部门统一规划，建水库、修水渠，挖沟排洪，筑堤建闸防海潮。1961年8月，东沈、南埔、樟塘等村，又一次暴雨成灾。谷文昌和县委副书记靳国富、办公室主任林周发冒雨赶到，深一脚浅一脚，跌跌撞撞，查看水势。

情况探明后,当即研究决定,清理旧沟、开挖新沟,筑海堤、建闸门、修扬水站,使之抗旱、排涝、防潮三全其美。工程完工后,一条长1500米、宽50米的鸿沟既可排水又可蓄水,两座13孔节制闸,有效地发挥调控作用。这些村庄不仅扩大了500多亩耕地,而且粮食、甘蔗、花生大幅度增产,至今免除了内涝、扩大了灌溉的土地仍然是一片丰产田。

建海堤、防海潮,发展多种经营,也是谷文昌的日夜所思。当时的岐下、西崎等7个自然村深受海潮之害、无路之苦。县委即确定修一条1300米长的海堤,阻挡海潮,兴建盐场、农场。海堤建成后,大路相通,保护了群众的生命财产。县里还建起了1.8万公亩盐场,最高年产达3万吨,为当时的东山创造了可观的财政收入,至今仍发挥着较好效益。

东山土地不多,他提出"以海为田,向海域进军"。大力发展制盐、捕捞、养殖。解放初期全岛渔船都是破旧的木船,网具落后。谷文昌与渔民乘船出海,体验渔民生活,到渔民中调查研究。面对渔民的疾苦,他千方百计带领群众改造旧船,改进网具,重建后澳避风港,渔民们无不喜笑颜开。

解放前的东山,文化教育十分落后,全县儿童入学率很低,没有一处文化娱乐场所。谷文昌提出抓教育、抓扫盲。经多方筹资,建起了剧场、影院,至今仍在使用。为了让群众听到广播,他亲自出面请盐场赞助,建起了有线广播站。东山当时成为全省第一个村村通广播的县。当地群众喜欢看潮剧,他就提议建潮剧团,没有武功师傅,他从家乡请人来传授武功。为了繁荣当地文化生活,他还鼓励文化馆的同志创作好作品,广泛开展农村文化活动。

【感悟】江泽民同志说:"党的先进性是具体的、历史的,必须放到推动当代中国先进生产力和先进文化的发展中去考察,放到维护和实现最广大人民根本利益的奋斗中去考察,归根到底要看党在推动历史前进中的作用。"谷文昌就是一位带领人民群众不断推动历史前进的共产党人。

(来源:《人民日报》,2003年2月21日。收录本文时有改动)

小贴士

　　这种精神(老西藏精神),是一种特别能吃苦的精神。当年进军西藏时,老西藏们碰到的第一关,就是一个"苦"字。人们难以忘记,从新疆方向进军的先遣骑兵连,由于大雪封山、断绝供应和高山疾病,全连135人在不到一年时间就有56人光荣牺牲;川藏、青藏公路每向前延伸一公里,就有一位官兵倒下!

　　这种精神,是一种特别能战斗的精神。进藏部队所担负的战斗任务,不单纯是军事任务,更重要的是政治任务。部队既要宣传党的方针政策,又要尊重藏族群众的宗教信仰;既要争取西藏上层人士,又要推翻封建农奴主的统治;既要在恶劣的自然环境中求生存求发展,又要坚决维护藏族人民的利益。这些努力,赢来了西藏的和平解放和安定团结的政治局面。

　　这种精神,是一种特别能忍耐的精神。吃苦需要忍耐,严格执行党的民族宗教政策也需要忍耐。不管是在进军途中还是在平叛和民主改革中,他们坚信按党的政策办事,各项工作就一定能做好,最终赢得了"新汉人""菩萨兵"的赞誉。

　　这种精神,是一种特别能团结的精神。进藏部队在加强党的民族宗教政策学习宣传的同时,严格执行"三大纪律八项注意","宁愿饿断肠、不吃老乡粮",尊重藏民族风俗习惯、宗教信仰,赢得了藏族同胞的信任,与群众建立起了心连心、同呼吸、共命运的鱼水深情。

　　这种精神,是一种特别能奉献的精神。在进军和建设西藏的过程中,很多老西藏"献了终身献子孙",一直在默默无闻地为保卫祖国、建设边疆奉献着青春、智慧、力量乃至宝贵的生命,有近5 000位同志长眠在雪域高原。"老西藏"们牺牲奉献,无怨无悔,换来了进军西藏、和平解放西藏的伟大胜利和保卫西藏、建设西藏的辉煌成就。

　　——兰金山:《峥嵘岁月铸就不朽的精神》,载《光明日报》,2010年7月19日

做人要实篇

总书记寄语

> 老实做人、做老实人,是共产党员先进性的内在要求,是领导干部"官德"的外在表现。这里所说的"老实人",就是思想务实、生活朴实、作风扎实的人,就是尊重科学、尊重实践、尊重规律的人,就是诚实守信、言行一致、表里如一的人,就是勤勤恳恳工作、努力进取创造、任劳任怨奉献的人。
> ——2008年5月13日,习近平在中央党校2008年春季学期第二批进修班暨师资班开学典礼上的讲话(发表时有删节)

思想解读

踏实做人,是中华民族的传统美德,又是中国共产党人的优秀品质,还是社会主义核心价值观对当代共产党人的时代要求。总体上看,在我们的党员队伍和干部队伍中,绝大多数同志是按照党的"当老实人,讲老实话,做老实事"的要求去做的。自中国共产党建立以来,有很多优秀的党员干部秉承着"做人要实"的精神,为人民群众"俯首甘为孺子牛",踏踏实实为老百姓办实事谋福利,创造出了一件件功勋卓越的政绩。但与此同时,也有一些党员干部仍然执迷于错误的价值理念和扭曲的为官之道,在思想言行上对党阳奉阴违,对同事当面一套背后一套,喜欢搞"小山头""小团体",将吹嘘拍马、送礼行贿搞得头头是道,严重影响了党风政风的纯洁,影响了党内的团结,影响了党在人民群众心中的地位,给党的领导造成了极其恶劣的影响。习近平总书记的"三严三实"之"做人要实"部分对党员干部在为人做事方面提出了要求。做人要实首先要做到对党、对组织、对同志、对人民忠诚老实,在政治和思想行动上要同党中央保持高度一致,要言必信、行必果,以行动表明态度、用实践兑现承诺。习近平总书记关于"做人要实"的要求主要包括三个方面内容。

一、对党、对组织、对人民、对同志忠诚老实

建党初期,党章就明确规定党员对党必须忠实。党的"二大"和"四大"《党章》规定,党员必须"愿忠实为本党服务";党的"八大"第一次将"对党忠诚老实"作为党员的义务写入党章;党的"十一大"到"十七大"《党章》中都把"对党忠诚老实"规定为党员的义务。入党誓词中也明确要求党员要"对党忠诚"。这说明,无论时代怎样变化,党员对党要忠诚老实的要求是一贯的,并且越是在长期执政的条件下,越要强调。江泽民同志指出:"共产党员特别是领导干部,说话办事都应当老老实实,对党负责,对人民负责。"胡锦涛同志强调:"要大力提倡忠心耿耿、不折不扣地贯彻执行党的路线、方针、政策和中央的决定,反对政出多门,各行其是;大力提倡模范实践党的全心全意为人民服务的宗旨,尽职尽责,秉公行事,反对以权谋私,假公济私,损公肥私,化公为私;大力提倡实事求是,光明磊落,做老实人,说老实话,办老实事,反对弄虚作假,瞒上欺下,言行不一,华而不实。"每一个党员都应当认真领会这些重要论述,严格执行《党章》规定,自觉履行党员义务,践行入党誓词,努力做一名忠诚老实的共产党员。

忠诚老实是共产党员经受住考验的重要法宝。周恩来同志说:"世界上最聪明的人是最老实的人,因为只有老实人才能经得起事实的历史的考验。"自以为聪明、不忠诚老实的人,也许会得到一时之利,但最终往

往没有好结果。面对改革开放、发展市场经济和长期执政的环境,党员特别是党员领导干部面临的诱惑和考验越来越多,只有更好地继承和发扬党的优良传统,对党忠诚老实,才能经受住各种诱惑和考验,永葆共产党人的先进性。

每一名党员都要忠诚于党,在思想上、行动上始终同党中央保持高度一致,带头遵守党的政治纪律和政治规矩。对于中央做出的各项决策部署,要不折不扣地贯彻执行,决不允许打折扣、做选择、搞变通,决不允许搞上有政策、下有对策,有令不行、有禁不止。要忠诚于组织,定期向组织报告工作和个人有关事项,自觉接受组织和群众的监督。要忠诚于人民,践行党的宗旨,全心全意为人民服务,做人民群众心中"最可爱的人"。要忠诚于同志,对待同志要"春天般温暖",坦诚相待,团结互助,共同为实现中华民族伟大复兴的中国梦而努力奋斗,坚决不能做当面一套、背后一套的"两面人"。

对党、对组织、对人民、对同志忠诚老实,这是建立党内相互信任、增强党内团结、维护党的铁的纪律的需要。党的干部不同于一般党员,是党的骨干,对于党的事业负有重大的责任,应该成为一般党员和群众的模范。这就要求党员干部必须自觉地与以习近平同志为总书记的党中央保持高度一致,对党、对人民一心一意、真心诚意、全心全意,甘当螺丝钉、甘做铺路石、甘为孺子牛。

二、做老实人、说老实话、干老实事

党员干部做老实人就是要做严守政治规矩、严守党的纪律的人。要牢固树立党章意识,严格遵守党章各项规定,自觉用党章规范自己的言行。没有规矩,不成方圆。党的纪律和党内规矩是党的各级组织和全体党员必须遵守的行为规范和规则,是党的生命线。把政治规矩和党的纪律挺在前面,是从严治党的关键环节。中国共产党是靠革命理想和铁的纪律组织起来的马克思主义政党,纪律严明是党的光荣传统和独特优势。无论是革命战争年代,还是建设与改革时期,党团结带领全国人民克服种种艰难险阻,从小到大,由弱变强,从胜利走向胜利,靠的就是铁的纪律。严守政治纪律和政治规矩就要坚持和做到"五个必须",即:必须维护党中央权威,在任何时候任何情况下都要在思想上、政治上、行动上同党中央保持高度一致;必须维护党的团结,坚持五湖四海,团结一切忠实于党的同志;必须遵循组织程序,重大问题该请示的请示,该汇报的汇报,不允许超越权限办事;必须服从组织决定,决不允许搞非组织活动,不得违背组织决定;必须管好亲属和身边工作人员,不得默许他们利用特殊身份谋取非法利益。"五个必须"是一个不可分割的有机整体。最核心的,就是必须坚持党的领导,坚持党的基本理论、基本路线、基本纲领、基本经验、基本要求,思想上政治上行动上同以习近平同志为总书记的党中央保持高度一致,自觉维护党中央权威,听从党中央指挥,党中央提倡的坚决响应,党中央决定的坚决照办,党中央禁止的坚决杜绝。决不允许"上有政策、下有对策",有令不行、有禁不止,在贯彻执行中央决策部署上打折扣、做选择、搞变通;决不允许散布违背党的理论和路线方针政策的意见,公开发表违背中央决定的言论,制造、传播政治谣言及丑化党和国家形象的言论;决不允许泄露党和国家秘密,参与各种非法组织和非法活动。这些都是根本的政治纪律和政治规矩,是不可逾越的底线、不能触碰的红线,是真正带电的高压线,我们每一名党员干部都必须不折不扣地遵守和执行。

　　党员干部说老实话就是要说真话,说老百姓能够听得懂的话。习近平总书记曾批评某些干部"不会说话",与新社会群体说话,说不上去;与困难群众说话,说不下去;与青年学生说话,说不进去;与老同志说话,给顶了回去。避免"不会说话",最好的办法就是说老实话。老实话是老百姓能听得懂的话,说老百姓能听懂的话就要求我们要经常深入到村庄农舍、田间地头、工厂学校,经常到群众中去,多与群众聊天交流,多听听群众的心声,多了解了解群众的疾苦。老实话是真话,而不是大话、空话、假话。老实话不居功诿过,不口是心非,不信口开河,说真事、道真情,体现的是责任和担当。老实话是准话,不文过饰非,不捕风捉影,不人云亦

云,体现的是严谨和智慧。党员干部说老实话还要严格遵守"个人服从组织、少数服从多数、下级服从上级、全党服从中央"的准则,要始终做到心存戒尺,口有遮拦。既要防止犯自由主义,又要防止由少数人说了算,更不允许个人专断、搞"一言堂"。

党员干部干老实事就是要求真务实、真抓实干、清正廉洁。求真务实就是实事求是,追求真理,遵循事物发展的内在规律。真抓实干就是一丝不苟地干实事,讲实效。实干兴邦,空谈误国。早在延安时期,毛泽东同志就要求全党:"实事求是,力戒空谈"。邓小平同志也曾向全党大声疾呼,世界上的事情都是干出来的,不干,半点马克思主义都没有。求真务实、真抓实干就是要时时处处坚持重实际,说实话,务实事,求实效,不做表面文章,不搞花架子,不搞形式主义。工作中的"真"与"假","实"与"虚"反映了两种截然不同的工作作风,说到底就是价值观、世界观的问题。当前,我们学习和践行"三严三实",就是要旗帜鲜明地倡导"真"与"实",反对"虚"与"假",要认真梳理我们在工作决策上、思路上、方法上、措施上还有哪些虚和假的问题,研究如何真起来、实起来。党员干部干老实事,还要在党风廉政建设上严格要求自己,老老实实把握底线、认准红线,要始终坚守清正廉洁的准则,时时刻刻保持清醒头脑,千万不可得意忘形,切实做到自重、自省、自警、自励。

只有做老实人、说老实话、干老实事,只有心存敬畏、手握戒尺,慎独慎微、勤于自省,才能将他律变为自律,变外在的规则为内在的价值,真正将改进作风落到实处,创造出经得起实践、人民、历史检验的实绩。老老实实做人,踏踏实实做事。党员干部应该用高度的责任感和使命感来对待工作,对工作尽力,对岗位尽责,对百姓尽心;要不断加强自身学习,准确把握方针政策,提升综合素质,脚踏实地地干好本职工作;要以高度的政治责任感和事业心,严肃地对待工作,踏踏实实,确保每项工作取得实效;要把实现好、维护好、发展好最广大人民根本利益作为出发点和落脚点,坚持以民为本、以人为本,切实服务群众。只有干老实事,领导干部才能得到群众的真心拥护。

三、襟怀坦白,公道正派

做人要实,就是要襟怀坦白。做人襟怀坦白,做官才能一身正气。"君子坦荡荡,小人长戚戚"。襟怀坦白,须襟怀豁达,光明磊落,坦荡做人。要有容人容事的气度、从善如流的雅量,既敢于批评歪风邪气,也能够接受逆耳忠言,努力营造风清气正的工作环境和纯洁和谐的人际关系,善于团结同志,共同干事创业。襟怀坦白,须洁身自好,严守操行,清白做人。要慎独慎微、注重小节,以"吾日三省吾身"的精神时刻警醒自己,不管在任何情况下都要稳得住心神、管得住行为、守得住清白。

做人要实,就是要公道正派。做人公道正派,做官才能公正无私。"公生明,廉生威"。共产党的干部,就要坚守正道、弘扬正气,做到心中有杆秤,手中有戒尺,行为不逾矩。公道在心,正派在行。凡事要秉持公心,识大体、顾大局,不搞"小山头""小圈子",不为私利所困、不为私情所惑,增强抵御"病毒"的免疫力,始终在大局下谋事创业。凡事要出于真心,言行一致,是非分明,不要小聪明、不搞小动作,敢于坚持原则、敢于扶正祛邪,做老实人不当老好人,始终保持浩然正气。公道正派作为一种政治品质、一种思想作风、一种人格力量,是领导干部的立身之本、为人之道、处事之基。每一名领导干部都应将其视为自己的生命,树立起廉洁操守、立党为公、执政为民的形象,始终保持一份清醒、一份清静,正确行使党和人民赋予的权力。

襟怀坦白、公道正派。这就要求党员干部既坚持原则,又充满为民情怀;既严格要求自己,又宽宏大量、包容他人;既公道做事,又正派做人。正如毛泽东同志强调的,"一个共产党员,应该是襟怀坦白,忠实、积极,以革命利益为第一生命,以个人利益服从革命利益。"襟怀坦白、公道正派体现出共产党人的崇高精神境界,表现了领导干部团结同志共创伟业的能力和水平。

习近平总书记强调,选什么人就是风向标,就有什么样的干部作风,乃至就有什么样的党风。行业各级党组织要树立正确的用人导向,坚持德才兼备、以德为先,重视老实人、重用老实人,让老实人唱主角、挑大梁,在全行业营造做老实人、说老实话、干老实事的良好氛围,以实的作风取信于民,成就事业。

做人要实说起来容易,做起来并不轻松。关键在于知行合一,把做人要实的原则要求贯彻落实到平日的一言一行中。真正做到"做人要实",必须坚持以下几点:

第一,树立健康向上的生活作风。作为一名党员干部,不仅要做到在大是大非面前能够把握自己,也要在日常小事和生活细节上坚守防线,秉持严肃的生活态度,拥有良好的生活作风。一是要培养健康的生活爱好。偶尔娱乐放松一下是可以的,但有些不良习惯成瘾,导致每天心思没有放在工作上,总想着上网或者娱乐,给单位的作风和干部的形象带来恶劣的影响。我们的党员干部要带头抵制一些低俗无聊、有害无益的爱好,平日若感到无聊可以看书、学习,进行户外运动等有益身心的情趣爱好。二是要把握交友的原则。在交友时必须有一定的政治标准和道德准则,有所选择,择善而交。君子之交淡如水,为政之道清似茶。朋友交往要注意把握分寸,党员干部交友更要讲原则。不要把个人交往与行使公权混在一起,感情用事。一些人热衷于搞人身依附、"君臣关系"那一套,唯唯诺诺、阿谀奉承,任人唯亲、培植亲信。一些人明目张胆拉关系、找靠山,攀龙附凤、投机钻营,建立各种"关系群",称兄道弟、投其所好,攒人脉资源、分亲疏远近;搞派别之争、门第之见,封官许愿、投桃报李。一些人热衷于搞团团伙伙、拉帮结派,看上去是同学、老乡、战友等关系结成的"铁哥们",实则是以利益为核心,以权力为纽带,以谋利为目的,搞权权交易、权钱交易,利益输送、抱团腐败,严重败坏了政治生态,带坏了社会风气。党内决不允许有宗派组织和宗派主义现象存在,只有坚决地同结党营私作斗争,我们党才能建设成为一个政治坚定、组织严密、有铁的纪律的马克思主义政党。正确处理权力与友情之间的关系,如果逾越了不但会毁了友情,而且会害了自己。三是要形成自我监督的生活态度。儒家经典《大学》里说:"诚于中,形于外。故君子必慎其独也。"刘少奇同志在《论共产党员的修养》中,借鉴"慎独"的观念,提出了共产党员要"慎独"的修养要求。他说:"除开关心党和革命的利益以外,没有个人的得失和忧愁。即使在他个人独立工作、无人监督、有做各种坏事的可能的时候,他能够'慎独',不做任何坏事。"事实上,正是因为一些领导干部缺乏慎独的自觉性,违纪问题多发生在日常生活中缺少监督的情况下。因此,在日常生活中,党员干部更要自觉地管住管好自己。

第二,树立群众观点,密切联系群众。群众观点是马克思主义政党对待群众的立场和态度。群众路线是我们党的生命线和根本工作路线。在革命、建设和改革的各个历史时期,我们党都始终坚持和不断丰富这一观点和这一路线的内涵。要在感情上贴近群众。老子讲:"圣人无常心,以百姓之心为心"。"从群众中来,到群众中去"是我们党一贯倡导坚持的群众路线。作为党员干部,一定要把群众当作是自己血脉相连的亲人,放下架子,扑下身子,深入群众、深入实践,广开言路、倾听民意,了解群众所思、所盼,及时解决人民群众生产生活中的实际困难,在与群众同吃同住同劳动中体察民情,在为群众排忧解难中建立感情。要在思想上尊重群众。胡锦涛同志指出:"群众在我们心中有多重,我们在群众心中就有多重"。作为党员干部,就是要把群众放在很高的位置,把自己放在很低的位置,坚持用平等的眼光看待群众,对待群众不分贫富,一视同仁;坚持用平等的身份接待群众,不在群众面前打官腔、摆官架子、说官话;坚持用平等的心态联系群众,不高高在上,不以权压人,让群众说心里话,道烦心事,讲真想法,提好建议。要在作风上深入群众。善于深入基层做群众工作,是我们党的优良传统。作为党员干部,绝不能整天围着办公室转,围着上级领导转,而不围着群众转。应该把更多的时间用在了解民意,体察民情,解决民难上,做到无论工作多忙,都要安排时间深入基层,无论时间多紧,都要抽出时间联系群众,切实在联系群众中找到工作的切入点和落脚点,增强工作的针对性。要在生活上关心群众。干部为群众多送一份温暖,群众对干部就多生一份感情;干部多尽一份职责,就为党多增一份光彩。作为党员干部,要把群众满意作为工作的

最高标准,以"群众利益无小事"的态度,诚心诚意地为老百姓解难事、办实事、做好事,着力解决人民群众最关心、最直接、最现实的利益问题,着力解决群众生产生活中的实际困难,让广大群众共享改革发展的成果。

第三,坚持求真务实的工作作风。"求真"就是追求真理,就是透过现象把握本质的认识过程,就是以认真负责的精神、实事求是的态度、科学严谨的方法,查明事实真相、揭示客观本质、掌握变化规律。求真的"真",核心在于事物的规律性。认识规律、把握规律、遵循和运用规律,是坚持求真务实的根本要求。尊重客观规律,要求各级领导干部要牢固树立正确的政绩观和科学的发展观,强化宗旨观念和公仆意识,解决好为谁求政绩的问题。尊重客观规律,还要树立科学的发展观,不坚持科学的发展观,就不可能落实正确的政绩观。只有落实正确的政绩观和科学的发展观,才能按照客观规律办事。求发展规律之真,必须以客观实际为依据。就是坚持一切从实际出发,不脱离实际、不主观妄断、不盲目随意。要讲究工作方法。求发展规律之真,必须讲究科学的工作方法。要坚持调查研究,下真功夫、苦功夫去摸清情况,使我们的决策更加科学,更加符合实际。要着力解决实践中面临的各种重大问题,找到解决实际问题的有效方法,取得解决问题、推进工作的实际成效。"务实"就是把说实话、办实事、求实效作为认识和实践的主要内容,就是付诸实践、见诸行动、取得实效。坚持求真务实的工作作风,不能仅仅停留在理论上、文件上、号召上,而是要落实到具体工作中,要在"务实"上求突破。思想认识要"唯实"。要坚持用全面的观点来认识现状,统筹兼顾,力戒主观片面性;要坚持用大局的观点来认识自己的职能,维护群众利益;坚持用与时俱进的观点来看待发展,开拓创新,力戒僵化思维;制定政策要"求实"。要坚持以实践为第一标准,凡是经过实践检验是正确的,就要坚持,凡是经过实践检验是错误的,就要改正。

伟大的创举(节选)

列 宁

(1919年6月28日)

鉴于国内外形势的严重,为了对阶级敌人取得优势,共产党员和同情分子应当更加鞭策自己,从休息时间内抽出一小时,也就是把自己的工作日延长一小时,将这些时间集中起来,在星期六这天进行一次六小时的体力劳动,以便立即收到实际效果。我们认为,共产党员为保卫革命果实,不应吝惜自己的健康和生命,所以这项工作应该是无报酬的。提议在全分局内实行共产主义星期六义务劳动,一直干到完全战胜高尔察克。

马克思在《资本论》中讥笑了资产阶级民主的自由人权大宪章的浮华辞藻,讥笑了所有关于一般自由平等博爱的美丽词句,这些词句迷惑了一切国家的市侩和庸人,迷惑了现在的卑鄙的伯尔尼国际的卑鄙英雄们。与这种冠冕堂皇的人权宣言针锋相对,马克思用无产阶级的平凡的、质朴的、实在的、简单的提法提出问题。由国家规定缩短工作日,就是这种提法的一个典型。无产阶级革命的内容愈展开,马克思意见的全部正确性和深刻性在我们面前就显得愈清楚,愈透彻。真正共产主义的"公式"与考茨基之流、孟什维克、社会革命党人及其在伯尔尼国际中的亲爱"兄弟们"的华丽、圆滑、堂皇的辞藻不同的地方,就在于它把一切归结于劳动条件。少谈些什么"劳动民主",什么"自由、平等、博爱",什么"民权制度"等等的空话吧。今天有觉悟的工人和农民从这些浮夸的词句里,是不难看出资产阶级知识分子的欺诈手腕的,正像每个有生活经验的人只要看到那种"贵人"修饰得十分"光滑的"面孔和外表,就能一下子正确无误地断定"这准是个骗子"。

少说些漂亮话,多做些平凡的、日常的工作,多关心每普特粮食和每普特煤吧!多多努力使挨饿的工人和褴褛的农民所必需的每一普特粮食和每一普特煤,不是通过奸商的交易,通过资本主义的方式获得,而是通过像莫斯科—喀山铁路的粗工和铁路员工这样的普通劳动者自觉自愿的奋不顾身的英勇劳动来获得。

反对自由主义(节选)

毛泽东

(1937年9月7日)

我们主张积极的思想斗争,因为它是达到党内和革命团体内的团结使之利于战斗的武器。每个共产党员和革命分子,应该拿起这个武器。

但是自由主义取消思想斗争,主张无原则的和平,结果是腐朽庸俗的作风发生,使党和革命团体的某些组织和某些个人在政治上腐化起来。

自由主义有各种表现。

因为是熟人、同乡、同学、知心朋友、亲爱者、老同事、老部下,明知不对,也不同他们作原则上的争论,任其下去,求得和平和亲热。或者轻描淡写地说一顿,不作彻底解决,保持一团和气。结果是有害于团体,也有害于个人。这是第一种。

不负责任的背后批评,不是积极地向组织建议。当面不说,背后乱说;开会不说,会后乱说。心目中没有集体生活的原则,只有自由放任。这是第二种。

事不关己,高高挂起;明知不对,少说为佳;明哲保身,但求无过。这是第三种。

命令不服从,个人意见第一。只要组织照顾,不要组织纪律。这是第四种。

不是为了团结,为了进步,为了把事情弄好,向不正确的意见斗争和争论,而是个人攻击,闹意气,泄私愤,图报复。这是第五种。

听了不正确的议论也不争辩,甚至听了反革命分子的话也不报告,泰然处之,行若无事。这是第六种。

见群众不宣传,不鼓动,不演说,不调查,不询问,不关心其痛痒,漠然置之,忘记了自己是一个共产党员,把一个共产党员混同于一个普通的老百姓。这是第七种。

见损害群众利益的行为不愤恨,不劝告,不制止,不解释,听之任之。这是第八种。

办事不认真,无一定计划,无一定方向,敷衍了事,得过且过,做一天和尚撞一天钟。这是第九种。

自以为对革命有功,摆老资格,大事做不来,小事又不做,工作随便,学习松懈。这是第十种。

自己错了,也已经懂得,又不想改正,自己对自己采取自由主义。这是第十一种。

革命的集体组织中的自由主义是十分有害的。它是一种腐蚀剂,使团结涣散,关系松懈,工作消极,意见分歧。它使革命队伍失掉严密的组织和纪律,政策不能贯彻到底,党的组织和党所领导的群众发生隔离。这是一种严重的恶劣倾向。

我们要用马克思主义的积极精神,克服消极的自由主义。一个共产党员,应该是襟怀坦白,忠实,积极,以革命利益为第一生命,以个人利益服从革命利益;无论何时何地,坚持正确的原则,同一切不正确的思想和行为作不疲倦的斗争,用以巩固党的集体生活,巩固党和群众的联系;关心党和群众比关心个人为重,关心他人比关心自己为重。这样才算得一个共产党员。

一切忠诚、坦白、积极、正直的共产党员团结起来,反对一部分人的自由主义的倾向,使他们改变到正确的方面来。这是思想战线的任务之一。

整顿党的作风(节选)

毛泽东

(1942年2月1日)

什么是党内宗派主义的残余呢?主要的有下面几种:

首先就是闹独立性。一部分同志,只看见局部利益,不看见全体利益,他们总是不适当地特别强调他们自己所管的局部工作,总希望使全体利益去服从他们的局部利益。他们不懂得党的民主集中制,他们不知道共产党不但要民主,尤其要集中。他们忘记了少数服从多数,下级服从上级,局部服从全体,全党服从中央的民主集中制。张国焘是向党中央闹独立性的,结果闹到叛党,做特务去了。现在讲的,虽然不是这种极端严重的宗派主义,但是这种现象必须预防,必须将各种不统一的现象完全除去。要提倡顾全大局。每一个党员,每一种局部工作,每一项言论或行动,都必须以全党利益为出发点,绝对不许可违反这个原则。

闹这类独立性的人,常常跟他们的个人第一主义分不开,他们在个人和党的关系问题上,往往是不正确的。他们在口头上虽然也说尊重党,但他们在实际上却把个人放在第一位,把党放在第二位。这种人闹什么东西呢?闹名誉,闹地位,闹出风头。在他们掌管一部分事业的时候,就要闹独立性。为了这些,就要拉拢一些人,排挤一些人,在同志中吹吹拍拍,拉拉扯扯,把资产阶级政党的庸俗作风也搬进共产党里来了。这种人的吃亏在于不老实。我想,我们应该是老老实实地办事;在世界上要办成几件事,没有老实态度是根本不行的。什么人是老实人?马克思、恩格斯、列宁、斯大林是老实人,科学家是老实人。什么人是不老实的人?托洛茨基、布哈林、陈独秀、张国焘是大不老实的人,为个人利益为局部利益闹独立性的人也是不老实的人。一切狡猾的人,不照科学态度办事的人,自以为得计,自以为很聪明,其实都是最蠢的,都是没有好结果的。我们党校的学生一定要注意这个问题。我们一定要建设一个集中的统一的党,一切无原则的派别斗争,都要清除干净。要使我们全党的步调整齐一致,为一个共同目标而奋斗,我们一定要反对个人主义和宗派主义。

新时期的雷锋传人

郭明义,男,辽宁鞍山人,1958年12月出生,1977年1月入伍,1980年6月加入中国共产党,1982年1月复员到鞍钢集团矿业公司齐大山铁矿工作,1996年至今任生产技术室采场公路管理员。他入党30年来,以无私奉献的实际行动,诠释了当代共产党人的坚定信念和高尚情操,赋予雷锋精神以新的时代内涵。

为表彰郭明义同志的先进事迹,弘扬其崇高精神,激励各级党组织和广大党员以郭明义同志为榜样,振奋精神、坚定信念,牢记宗旨、服务群众,立足本职、创先争优,在改革开放和社会主义现代化建设各项事业中充分发挥战斗堡垒作用和先锋模范作用,中共中央组织部决定,授予郭明义同志"全国优秀共产党员"称号。

表彰决定指出,郭明义同志是助人为乐的道德模范,是新时期学习实践雷锋精神的优秀代表,是在创先争优活动中涌现出的先进典型。他担任公路管理员15年来,坚持每天提前两个小时上班,巡查、维护公路里程累计达6万多公里,公路达标率在98%以上,为企业创效3 000多万元;他20年来累计无偿献血6万多毫升,相当于自身血量的近10倍;他先后为"希望工程"、困难职工和灾区群众捐款12万多元,资助贫困生180多名,自己却过着清贫的生活,被身边人誉为新时期的"雷锋传人"。郭明义同志的先进事迹平凡中见伟大,平凡中见精神,感人至深,催人奋进,不愧为当代共产党员学习的楷模。

中共中央组织部号召全国各条战线共产党员都要向郭明义同志学习。学习他牢记宗旨、坚定信念的政治品质,学习他恪尽职守、争创一流的敬业精神,学习他克己奉公、奉献社会的高尚情怀,学习他扶危济困、团结互助的优良品德。要像郭明义同志那样,忠诚于党和人民的事业,把坚定理想信念和在本职岗位上创先争优结合起来,把爱党爱国之情转化为报效祖国、服务人民的实际行动,自力更生、艰苦创业、履职尽责、苦干实干,以饱满的工作热情、奋发有为的精神和勤奋扎实的工作,努力在平凡的岗位上,争创先进、争当优秀,创造无愧于时代、无愧于人民的业绩,展现新时期共产党员的政治本色和精神风貌。

(来源:新华网,2010年9月24日。收录本文时有改动)

【感悟】 郭明义同志把爱岗敬业作为人生追求,把无私奉献作为生命价值的体现,把践行党的全心全意为人民服务的根本宗旨作为神圣职责,是新时期产业工人的杰出代表。

胡海平事迹

自2000年京沪高速公路投入运营至今,胡海平带领淮安清障大队一班人,担负着淮安段全长70公里道路的保畅任务。15年来,胡海平扎根高速公路清障工作一线,参与指挥各类事故抢险救援4 000余次,解救受困驾乘人员数百名。特别是在"3.29"液氯泄漏、"6.24"丙烯腈爆炸、"3.10"多车追尾、"3.01"客车翻入边沟、"10.27"甲苯泄漏等重特大事故交通处置中,他带领队伍出色地完成了抢险救援任务,为保障京沪大动脉安全畅通、保护群众生命财产安全作出了突出贡献。2015年,胡海平同志被江苏省委表彰为"全省优秀共产党员"。

一、业务精通的"好能手"

进入清障大队之前,胡海平从事财务、规费征收管理工作,对道路清障一无所知,是个不折不扣的"门外汉",为了尽快转变角色,他坚持和同志们一起上路作业,从最简单的日常清障学起,不断在实践中摸索进步。通过不断的学习和实践,胡海平从一名普通的清障员成长为一名清障行家。通过多年工作经验的积累,2010年,胡海平和队员们总结出了一套"清障模板",涵盖了四大类、17项各种类型、车型清障处置方法,在实际抢险救援处置中得到了应用和推广,大大提高了清障处置科学化、规范化水平。2011年,他参与编写的《清障实务》教材,已用于全省高速公路清障人员培训,填补了省内乃至国内清障救援理论体系的空白。

二、平安畅通的"守护神"

清障工作的职责就是保安全、保畅通。2014年3月1日凌晨,淮安段上海往北京方向800公里处,一辆大客车翻入近8米深的边沟,车内数十名乘客被困,生命危在旦夕。为防止被困人员受到二次伤害,胡海平带领清障队员们放弃大型设备施救,徒手对受困人员进行营救。转移伤员时,边坡陡峭湿滑,无法行走,他们硬是用肩膀排成一条"人梯",将受困人员传递送上路面。数小时的生死救援,胡海平和他的队员没人休息一分钟、喝一口水,直到将最后一名伤员抬上救护车。2005年3月29日,京沪高速淮安境内发生满载剧毒化工原料液氯的槽罐车翻车泄露重大事故。当晚6点50分,胡海平是第一个赶到现场的高速公路施救人员。他果断安排打开中央护栏,让拥堵在现场的车辆立即掉头全部撤离,驾乘人员无一伤亡。而他在施救现场三天三夜没合眼,嗓子因液氯气化受熏严重,此后常年发炎,至今无法治愈。胡海平因在"3.29"液氯泄漏抢险救援中的突出表现,被淮安市委、市政府授予二等功。

三、擅长创新的"智多星"

创新是胡海平一直以来奉行的工作哲学,他不仅好学,而且特别爱"捣鼓"。在他的带领下,他的团队钻研出了多项科研成果。事故车的刹车常常都会"抱死",拖不动车是经常遇到的问题,为此,胡海平与同事一起,研制出一种"新型清障车充气装置",只用三分之一时间即可全部解刹,大大提高了清障效率。该成果2013年被江苏省总工会等八部门评为"十大群众技术创新成果提名奖";几年来,他与队员集思广益,先后研制了"升降式警灯""清障车车载水箱""标志、标牌摆放推车""清障车与故障(事故)车辆充气连接装置""吸附式车辆监控视频装置""便携式声、光、电报警装置""头盔式视频录像记录仪"等一批高效实用的创新项目。其中"便携式声、光、电报警装置"2014年被江苏交通控股公司评为"群众性经济技术创新成果一等奖",同年被国家知识产权局授予实用新型专利证书。目前,该装置已在全省高速公路清障现场强制使用，并于2014年12月写入《江苏交通控股系统高速公路清排障安全作业指导意见(试行)》。

四、甘于奉献的"孺子牛"

胡海平爱岗敬业，甘于奉献，工作起来是个"拼命三郎"。他常年奔波在路上，24小时待命，顾大家，忘小家，取舍之间彰显出他的人生追求与价值。2015年春节前夕，胡海平的颈椎囊肿复发，医生建议他尽快手术，但他考虑到春运已经开始，各类突发事件时有发生，他毅然决定暂缓手术。直到春运结束，他才做了囊肿切除手术。3月13日凌晨，胡海平还处在康复治疗期间，当得知淮安段发生两辆货车追尾事故，造成道路完全中断后，他悄然离开病房，直奔事故现场指挥救援，与队员奋力施救两个多小时，直到道路恢复畅通……

五、身先士卒的"领头雁"

高速公路是重特大恶性交通事故易发多发之地，作为淮安清障大队的"领头雁"，胡海平时时处处以身作则，率先垂范。每次接到清障任务，胡海平总是临危不惧，冲锋在前，以实际行动为队员们树立榜样。为提高清障队员的业务技能和心理素质，他牵头制订了《清障人员培训考核意见》，着力开展清障队员体能技能训练，定期开展典型清障案例分析和模拟处置演习，有效提高了清障队伍整体业务水平。几年来，大队先后多次被评为"道路保畅先进集体"、被江苏省团委授予"青年文明号"、被江苏省总工会授予"工人先锋号"；大队党支部分别被省国资委党委、江苏交通控股公司党委授予"先进基层党组织"称号。

胡海平说："到京沪公司工作十多年，我只是做了我分内的工作，组织上却给了我这么多荣誉，我一定继续努力，一如既往地干下去，以实际行动回报组织、回报社会。"这就是胡海平的心声。

(来源：南京工业大学党委组织部，2015年10月29日。收录本文时有改动)

【感悟】再神圣的工作，也当从点滴的小事做起。胡海平同志志存高远、脚踏实地，我们应该向他学习，把人生的路一步步走稳走实，善于在平凡的岗位上创造不平凡的业绩。

信义兄弟

　　2010年2月9日,腊月二十六。在北京做建筑工程的孙水林回到天津,原定与暂住在天津的家人和弟弟孙东林聚一天再回武汉,但他查看天气预报了解到,此后几天,天津至武汉沿线的高速公路,部分地区可能因雨雪封路。他决定赶在封路前,赶回武汉,给先期回汉的民工发放工钱。春节前发放工钱,是他对民工的承诺。当晚,孙水林提取26万元现金,带着妻子和三个儿女出发了。次日凌晨,他驾车驶至南兰高速开封县陇海铁路桥段时,由于路面结冰,发生重大车祸,20多辆车连环追尾,孙水林一家五口全部遇难。

　　2010年2月10日早上,弟弟孙东林打电话回家,发现哥哥仍未到家,手机也联系不上。预感不妙的孙东林开车沿途寻找,结果在河南兰考县人民医院太平间发现了哥哥及其家人的遗体,孙东林心如刀绞、痛不欲生。撬开撞得扭成一团的轿车后备箱,捆好的26万元现金还在。"我们家这个年是过不成了,但不能让跟着哥辛苦一年的工友们也过不好年。"沉浸在丧痛中的孙东林含泪决定,先替哥哥完成遗愿。腊月二十九,两天未合眼、没吃饭的孙东林赶回黄陂家中,通知民工上门领钱。因为哥哥离世后,账单多已不在,孙东林让民工们凭着良心领工钱,大家说多少钱,就给多少钱!钱不够,孙东林就贴上了自己的6.6万元和母亲的1万元。就这样,在新年来临之前,60多名民工都如愿领到工钱,孙东林如释重负。

　　忍着巨大的悲痛,孙东林熬过新年。来不及安慰年迈的父母,孙东林返回河南,处理哥哥的后事。因为诸事不顺,孙东林向湖北日报传媒集团《楚天都市报》求助。从孙东林的哭诉中,敏感的记者发掘了这段可歌可泣的新闻故事。

　　2010年2月21日,《楚天都市报》拿出几个整版率先报道了这段兄弟终弟及的信守承诺的事迹。随后央视播发了此条新闻。22日,《新闻联

播》再次播发，时长1分45秒，并盛赞孙家兄弟"带给人们的却不仅仅是几十万元的工钱，而是比这更加珍贵而沉甸甸的一份诚信"。《人民日报》、新华社也分别刊发报道，聚焦"信义兄弟"接力送薪的感人事迹，展现"信义兄弟"20年来重信守诺决不拖欠农民工工钱的朴素情怀。《湖北日报》及旗下《楚天都市报》《荆楚网》《腾讯·大楚网》等子媒体连日进行了大量深度报道，新华网、人民网、新浪网等全国数百家网站予以转载，成千上万的网友点击并跟帖，留下肺腑之言。

2010年2月25日，《湖北日报》在头版显著位置刊发了全景式长篇通讯《超越生命的承诺——记生死接力的"信义兄弟"孙水林、孙东林》和评论《千秋万代信义为本》，深度挖掘和全方位报道"信义兄弟"的感人事迹，新浪网等主要门户网站转载，让无数读者和网友为之落泪。

【感悟】人无信则不立。诚信和道义，是做人做事的基本准则，也是构建和谐社会的重要基础。

守护藏羚羊的牧羊人

西藏羚羊，俗称"藏羚羊"，是青藏高原上极为珍稀的野生动物。由于藏羚羊的皮毛具有极高的价值，几年前，人们开始疯狂地捕杀藏羚羊，导致这一珍稀物种一度濒临灭绝。不过这几年的情况稍有好转，这多亏了那些献身动物保护事业的人一直守护着它们。嘎嘉达玛就是一位守护藏羚羊的牧羊人。

"羌塘"在藏语中是"北方狂野"的意思，泛指跨越西藏那曲和阿里两个地区的北部草原，延伸范围跨西藏自治区、新疆维吾尔自治区和青海省。由于海拔很高，羌塘夏天的天气十分恶劣，风力很强。但是当第一缕阳光照射着羌塘南部的尼玛县时，58岁的嘎嘉达玛早就已经跨上摩托车出门巡视。对嘎嘉达玛来说离开家的时间并不规律，但一般都在早上七八点钟走，晚上六七点左右回来。如果有一大群藏羚羊出现，他就会骑车到雪山附近，这通常会花费一整天的时间。嘎嘉达玛曾经是一名兽医，被聘为西藏羌塘国家级自然保护区的野生动物保护员至今已经15年了。一辆摩托车、一架望远镜、一套被褥、一个包就是他一整天的日常装备。

嘎嘉达玛介绍说，他负责巡逻保护的面积大约有400平方公里，相当于西藏两个县那么大。自从越来越多的人在附近定居，他就要时刻保持警惕，如果有人驾车或者骑摩托车进入保护区，他就要询问他们的动机并且劝说他们离开。羌塘自然保护区成立于20世纪90年代，是世界第二大自然保护区，也是众多珍稀动物的栖息地，包括藏羚羊、野牦牛、雪豹和黑颈鹤。因此，看管好当地的动物种群是一个巡逻人员首先要做好的事情。望远镜对于野生动物保护员来说是非常重要的工具，嘎嘉达玛每天都要在一本小册子上记录各种动物的数量、雌雄等详细情况。如果人类接近藏羚羊，它们就会四散奔跑。嘎嘉达玛说经常可以看到藏羚羊的身影，尤其是在10月和11月，他可以在不打扰它们的前提下走近它们，但是在夏天，藏羚羊妈妈们带着刚出生的小羊崽，嘎嘉达玛一旦离它们太近，藏羚羊妈妈就会带着小羊崽奔跑个不停。当地政府要求他们巡山的时候一旦发现藏羚羊的尸体，要割掉羊头，剥掉羊皮，交给森林公安。政府对交回一只藏羚羊羊头奖励20元，一张藏羚羊皮奖励30元，这样一来就不会给不法分子留下牟取暴利的机会。

由于羌塘是中国传统五大牧区之一，人类、牲畜和野生动物挨得很近，因此如何平衡它们之间的关系就成了嘎嘉达玛最关心的问题。嘎嘉达玛说："牧民通常用铁丝网把自己的牧场圈起来，但这往往会导致一些闯入的野生动物被困。我就需要教牧民们怎样把它们放生。一般来说，牧场是牲畜和野生动物共同生存的地方，但是到了交配和繁殖的季节，藏羚羊就需要更多的草地以便生存下来，因此我就要限制放牧。"

即使是在吃饭的间隙，嘎嘉达玛仍然挂念着自己的工作。日复一日，嘎嘉达玛几乎没有离开过自己的工作岗位，即使是在极寒的冬天，平均气温下降到零下20摄氏度，他仍然坚守。感到疲劳的时候，嘎嘉达玛就捡几块石头做成一个火炉，煮点热水，烧一壶西藏的蜂蜜茶。"自从我成为一名野生动物保护员,我就把自己看成是野生动物的守护者,我也会劝说其他人,保护野生动物是每一个人的责任,我刚开始这个工作的时候,这里只有60只藏羚羊,但是多亏了森林公安和其他保护员的努力,现在藏羚羊的数量已经上升到3 000多了。"

在他的住所一面墙上挂着一副2012年的日历,上面画着不同种类的野生动物的照片,并且标注着它们的藏语和中文名字。当地森林公安介绍,目前为止,他们已经从当地牧民中招募了130名野生动物保护员,今年这个数量将会上升至200人,他们还会建立更多的保护基地。嘎嘉达玛曾说:"我离不开这些动物,只要我的身体条件允许,我会一直做下去,我也希望自己的儿子有朝一日也可以像我一样,成为一名野生动物保护员。"

(来源:国际在线,2015年8月18日。收录本文时有改动)

【感悟】没有这些野生动物的话,羌塘的气候和生态系统将会发生根本性的改变。人类、牲畜、野生动物,对于羌塘来说,一个部分也不能少。嘎嘉达玛用一日日的坚守,守护着藏区的野生动物。

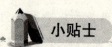

惟诚可以破天下之伪,惟实可以破天下之虚。
——蔡锷《曾胡治兵语录序及按语》

做人要有人格,做官要有官德,做事要靠本事。
——郑培民《郑培民日记》

后记
作风建设永远在路上

在西方某些研究政治学的学者看来,中国共产党能够由小变大、由弱变强,能够长期执政、独树一帜是一个难解之"谜"。或许,当他们深刻了解了中国共产党有着群众路线这个"传家宝",而且这个"传家宝"将不断发扬光大成为中国治国理政的重要资源时,他们就会有了答案。"战斗未有穷期,同志仍需努力",改进党风政风有了良好开局,更加丰硕的成果就在前头。

党的十八大后,以党的建设伟大工程推动中国特色社会主义伟大事业,成为一项必须优先考虑的重要任务。在执政60多年之后,共产党人面对什么样的挑战和考验,中国道路怎样走,改革开放怎样深化,种种崭新课题摆在全党面前。对此,习近平总书记说,办好中国的事,关键在党。执政党有什么样的精神状态,一个国家就展示什么样的状态;执政党有什么样的作风,一个社会就呈现什么样的风气。他明确指出,党的作风就是党的形象,关系人心向背,关系党的生死存亡。他明确要求,全党必须警醒起来,打掉横亘在党和人民群众之间的无形的墙。总书记的决策,拉开了群众路线教育实践活动的大幕,开始了一次中国共产党建党90多年来规模最大的"新整风",迈开了党的思想、组织、作风建设,以及党的形象重塑的新步伐。

党的作风建设是永恒的课题，作风建设永远在路上。教育实践活动有期限，加强作风建设无尽期。习近平总书记指出，作风问题具有反复性和顽固性，抓一抓会好转，松一松就反弹，不可能一蹴而就、毕其功于一役，更不能一阵风、刮一下就停。因此，他明确指出，要建立抓作风的长效机制，要建立健全管用的体制机制。建立健全这样的长效机制，必须坚持教育与实践并重，切实解决世界观、人生观、价值观这个"总开关"问题。要在教育实践活动"醒脑""祛病"的基础上，进一步"补课"，为精神继续"补钙"。要使为民务实清廉成为党员干部牢牢坚守的价值追求和行为准则。同时，必须建立健全一整套管用的规章制度，强化制度执行，增强刚性约束，将党的作风建设长效机制与推动国家治理体系和治理能力现代化紧密结合为一体。

　　习近平总书记提出的"三严三实"要求，蕴含着深厚的思想内涵和时代特征，贯穿着马克思主义政党建设的基本原则和内在要求，体现着共产党人的价值追求和政治品格，是领导干部的修身之本、为政之道、成事之要，为加强新形势下党的思想政治建设和作风建设提供了重要遵循。践行"三严三实"要求，要做到思想自觉、政治自觉、行动自觉。思想自觉，就是要深入学习贯彻习近平总书记系列重要讲话精神，全面准确把握讲话的重大意义、科学内涵、精神实质和实践要求，用心领会、用情珍惜、用力落实，坚定自觉地用讲话精神武装头脑、指导实践、推动工作，切实增强中国特色社会主义道路自信、理论自信、制度自信、文化自信，坚定理想信念，牢固树立正确的世界观、人生观、价值观。

　　历史使命越光荣，奋斗目标越宏伟，执政环境越复杂，我们就越要增强忧患意识，越要从严治党，使我们党永远立于不败之地。贯彻党的群众路线、保持党同人民群众的血肉联系的历史进程永远不会结束。一心一意谋发展，聚精会神抓党建，继续打好党风建设这场硬仗，推进党的建设新的伟大工程，我们必定能以好的作风保障党和国家各项工作顺利开展，赢得更加光明灿烂的未来。

习近平总书记说:"学习是立身做人的永恒主题,也是报国为民的重要基础。梦想从学习开始,事业从实践起步。当今世界,知识信息快速更新,学习稍有懈怠,就会落伍。有人说,每个人的世界都是一个圆,学习是半径,半径越大,拥有的世界就越广阔。"领导干部更应该做学习的标兵。

为促进党员领导干部学习,安徽大学出版社出版了《长征精神的传承——践行"三严三实"学习读本》。本书由安徽大学马克思主义学院潘金刚、杨帆、钱进等老师组织编写。

由于编者水平有限,书中难免会有不足之处,敬请广大读者批评指正。

编　者
2016 年 12 月